Jornalismo, ética
e liberdade

CIP-BRASIL. CATALOGAÇÃO NA PUBLICAÇÃO
SINDICATO NACIONAL DOS EDITORES DE LIVROS, RJ

K27j
4. ed.

Karam, Francisco José Castilhos
 Jornalismo, ética e liberdade / Francisco José Castilhos Karam. – 4. ed. – São Paulo: Summus, 2014.
 232 p. : il.

 Inclui bibliografia
 Inclui notas
 ISBN 978-85-323-0538-1

 1. Jornalismo – Aspectos sociais. 2. Comunicação – Aspectos sociais. 3. Comunicação de massa e tecnologia. I. Título.

14-12457   CDD: 070.4
                                               CDU:07

www.summus.com.br

Compre em lugar de fotocopiar.
Cada real que você dá por um livro recompensa seus autores
e os convida a produzir mais sobre o tema;
incentiva seus editores a encomendar, traduzir e publicar
outras obras sobre o assunto;
e paga aos livreiros por estocar e levar até você livros
para a sua informação e o seu entretenimento.
Cada real que você dá pela fotocópia não autorizada de um livro
financia o crime
e ajuda a matar a produção intelectual de seu país.

Jornalismo, ética e liberdade

FRANCISCO JOSÉ CASTILHOS KARAM

summus editorial

JORNALISMO, ÉTICA E LIBERDADE
Copyright © 1997, 2014 by Francisco José Castilhos Karam
Direitos desta edição reservados por Summus Editorial

Editora executiva: **Soraia Bini Cury**
Editora assistente: **Salete Del Guerra**
Capa: **Alberto Mateus**
Projeto gráfico e diagramação: **Crayon Editorial**
Impressão: **Sumago Gráfica Editorial**

Summus Editorial
Departamento editorial
Rua Itapicuru, 613 – 7º andar
05006-000 – São Paulo – SP
Fone: (11) 3872-3322
Fax: (11) 3872-7476
http://www.summus.com.br
e-mail: summus@summus.com.br

Atendimento ao consumidor
Summus Editorial
Fone: (11) 3865-9890

Vendas por atacado
Fone: (11) 3873-8638
Fax: (11) 3872-7476
e-mail: vendas@summus.com.br

Impresso no Brasil

Dedico este livro a meu pai, Antônio Karam, a Lizete de Oliveira Kummer, a Alcides Sérgio Castilhos Jacintho Pereira, a Jeana – companheira em todos os momentos – e a Adelmo Genro Filho, *in memoriam.*

Prefácio à 4ª Edição

O PROCESSO DE REALIZAÇÃO de um trabalho tem muitas estações. As escolhas são, às vezes, difíceis. A partir de 1989, quando ingressei na Escola de Comunicações e Artes da Universidade de São Paulo, o estudo ao redor do tema *ética jornalística* foi recheado de dúvidas e mudanças – muitas das quais permanecem até hoje. Esta quarta edição revisada, além dos agradecimentos feitos nas edições anteriores, inclui estudos feitos durante meu pós-doutoramento na Argentina, com a supervisão do professor Martín Becerra, que desde o primeiro momento, na Universidade Nacional de Quilmes, colocou-se à disposição para discutir e acrescentar conteúdo ao projeto. Este livro amplia as três primeiras edições de *Jornalismo, ética e liberdade*, especialmente em relação à inserção do jornalismo no cenário da chamada Sociedade da Informação e do Conhecimento, da revisão temática de alguns princípios deontológicos profissionais, do jornalismo no ciberespaço e dos traços distintivos da atividade jornalística neste início do século XXI. Alguns poucos trechos foram excluídos porque, passados 17 anos da primeira edição do livro, houve necessidade de inclusão de dados atualizados. Mesmo assim, grande parte das referências históricas e de exemplos foi mantida, uma vez que servem como suporte e paradigma para análise e apoio tanto à nova edição quanto a novos estudos, abordagens e críticas. Várias referências bibliográficas foram revistas, acrescentando-se novos autores e estudos. Ao mesmo tempo, algumas, mais relevantes para as edições anteriores, foram reduzidas e/ou suprimidas.

Entre todos os agradecimentos anteriores, a cujas pessoas continuo rendendo meu tributo pela ajuda que prestaram, destaca-se o nome da professora Cremilda Medina, pesquisadora inaugural nos meus estudos pós-graduados no mestrado, ainda no final dos anos 1980, que sedimentaram o caminho para seguir, no doutoramento, com os professores Norval Baitello Junior e Lorenzo Gomis, já nas proximidades do ano 2000. Um pouco deste caminho está ampliado nesta quarta edição, revisada em alguns aspectos e acrescida em outros – sobretudo a partir do pós-doutoramento, em 2007 e 2008, já portanto no final da primeira década do século XXI –, tentando acompanhar a relação do jornalismo com a ética e com a liberdade num cenário que tem duas décadas a mais e, claro, sofreu impactos significativos na atividade profissional.

Agradeço a todos os que, de uma ou de outra maneira, animaram este trabalho, contribuindo com dúvidas, discussões, discordâncias e sugestões. Finalmente, agradeço à Universidade Federal de Santa Catarina e à Capes, que permitiram a formação e a concessão de bolsa de estudos para o desenvolvimento deste trabalho.

Sumário

INTRODUÇÃO 11

**1 LINGUAGEM HUMANA, MEDIAÇÃO JORNALÍSTICA
E DIREITO À INFORMAÇÃO** 15
Palavra, direito social à informação e universalidade 18
Breve história de um tormento 20
Norma jurídica e moral, mediação do Estado e mediação informativa 28

2 ÉTICA, MORAL E DEONTOLOGIA: BREVES COMENTÁRIOS 33

**3 PARA UMA DEFESA MORAL DO JORNALISMO
E DE SUA ESPECIFICIDADE ÉTICA** 39
A insustentável certeza de Janet Malcolm 39
Cláudio Abramo e a generalidade moral 44
A dúvida ética e as incertezas morais do jornalismo 53
Importância e necessidade do jornalismo contemporâneo 59
Subjetividade ética e códigos morais 61
História e limites dos códigos deontológicos 66
Ética, movimento dos sujeitos e democracia dos meios 74
A comparação entre os códigos e as referências normativas da moral 81

**4 TEMAS ÉTICOS NO JORNALISMO:
UM PROBLEMA QUE NUNCA TERMINA** 85
Direito à vida privada, liberdade de informação jornalística e interesse público 85
Cazuza, morte, ética e jornalismo 93

Defesa dos valores universais do "humanismo"
versus defesa dos valores particulares culturais 111
Cláusula de consciência 121
Métodos lícitos *versus* métodos ilícitos na obtenção da informação 130
Verdade, objetividade, exatidão 140
As possibilidades temáticas: alguns exemplos complementares. 150

**5 UM FUTURO ABERTO: SOCIEDADE DA INFORMAÇÃO
E DO CONHECIMENTO, CONVERGÊNCIA TECNOLÓGICA,
DIVERSIDADE MIDIÁTICA E CIBERJORNALISMO.** 155
O jornalismo: fundamentos, teoria e ética 164
O jornalismo: ritmo contemporâneo e segmentação informativa 181

CONSIDERAÇÕES FINAIS 189

EPÍLOGO 195
Os métodos jornalísticos, a ética, a intimidação e o autoritarismo 198
Redes sociais: ética, reportagem e verificação. 201

NOTAS 205

BIBLIOGRAFIA CONSULTADA 217

Introdução

O SENTIDO DE UM trabalho nunca é resultado do nada se inscrevendo no indivíduo. O sentido de um trabalho está relacionado com as preocupações que surgem para responder a algumas perguntas básicas: para que ele serve, tem algum sentido?

A inscrição de um trabalho relacionado com a ética jornalística contém, ao menos, algumas preocupações implícitas. A primeira reconhece que, ao lidar com um campo da moral vinculada a uma atividade profissional e a uma área de conhecimento, as coisas podem não ir bem (o que já significa algum juízo de valor) e aponta para possibilidades que, manifestadas por quem escreve, podem ajudar a suplantar alguns "problemas" detectados no âmbito do comportamento profissional. A segunda vincula-se à inserção de uma atividade no processo social em que é produzida, donde se deduz que devem ser esclarecidas algumas questões, tais como sua importância contemporânea e sua relação com a humanidade que a produziu. Nesse aspecto, podemos dizer que, ao situarmos um trabalho como este, é preciso também inscrevê-lo socialmente. Para isso, é indispensável envolvê-lo com a dimensão conceitual, em que existem certos pressupostos.

Diante da crise paradigmática contemporânea, acreditamos ser possível recorrer a autores com diferenciadas fontes e métodos de conhecimento, embora, em muitos momentos, eles tenham convergências de proposição e conteúdo similar do ponto de vista epistemológico. Mesmo que suas obras contenham divergências entre si e os momentos sejam distintos nas abordagens durante a vida de cada um, esses autores têm algo em comum: observações sobre o papel ativo do conhecimento, a totalidade social, a universalidade e o processo infinito de produção e autoprodução da humanidade.

A produção de fatos e de conhecimento, hoje, acompanha um ritmo social e tecnológico voraz. A quantidade disponível de informações e a produção sucessiva de fatos, em distintas regiões, em remotos lugares e em diferentes espaços de saber e poder permitiriam, cotidianamente, confeccionar milhares ou mesmo milhões de jornais, noticiários de televisão e rádio, reportagens em revistas, veículos especializados e/ou segmentados, tal como acena o ciberjornalismo pela Rede Mundial de Computadores.

O conhecimento, o relato e a interpretação presentes no *jornalismo* são distintos, a nosso ver, dos existentes em outros campos do conhecimento. Parece importante – e ao longo do trabalho tentaremos demonstrar isso – o conhecimento proporcionado pelo *jornalismo*, que exige o emprego de particularidades técnicas, ética universal, mas específica, e reflexão sistemática. Nesse aspecto, nos deteremos a examinar mais o campo da ética profissional, tentando mostrar a necessidade da existência de uma especificidade profissional conectada à universalidade humana. Esta ética deve alicerçar-se em uma *teoria do jornalismo* como forma de conhecimento das particularidades humanas em processo de universalização do conhecimento, a forma mais democrática, supomos, de permitir que a liberdade de escolha seja, efetivamente, mais livre e mais imediata. Para isso, entendemos que só um processo dialético que constitua um movimento ético dos profissionais, aliado ao reconhecimento da importância social do jornalismo pela sociedade, pode criar as condições para a realização técnica, política, moral e ética da profissão.

Ao examinar os códigos, consideramos que devam ser conhecidos pela categoria dos jornalistas e pela sociedade, mas procuramos, também, revelar os limites da norma moral escrita, tanto na margem de subjetividade que permite a interpretação particular dos princípios quanto pela dificuldade de cumprimento de alguns deles, já que o complexo processo informativo não depende apenas dos jornalistas. Por isso, defendemos a vinculação da realização ética da profissão com medidas efetivas para a democracia informativa nos meios de comunicação, incluindo políticas que favoreçam a segmentação do mercado, a diversificação da propriedade e o acesso plural aos meios. Acreditamos que, assim, será possível caminhar para que tenhamos, cada vez mais, profissionais inteiros, tecnicamente competentes, politicamente conscientes e eticamente comprometidos com a realização da universalidade humana que medeiam todos os dias.

1 Linguagem humana, mediação jornalística e direito à informação

MUITOS AUTORES JÁ ABORDARAM o surgimento da linguagem humana e sua complexa rede de significados em abrangência, diversidade e profundidade, tarefa na qual se destacaram renomados linguistas e semioticistas. É possível dizer que a linguagem oral e sua representação escrita são conquistas da humanidade desde que ela se afasta da pura animalidade e caminha em direção à sua construção como gênero, simultaneamente singular, particular e universal. A representação conceitual do concreto, sempre um processo aberto, permite a dissolvência da petrificação *significativa* das coisas, qualificando, ao mesmo tempo, as relações humanas em sua dimensão de socialidade[1].

Ao criar relações sociais e se objetivar na existência por meio do trabalho, o ser humano passa a diferenciar-se ontologicamente dos demais seres que integram a natureza, fazendo emergir sua subjetividade que, ao mesmo tempo, torna-o capaz de negar tanto sua objetivação determinista ou "espontânea" quanto a si mesmo. Ao construir sua história pela práxis cotidiana, engendra um gênero – o humano – que não é igual ao de dois milhões de anos atrás, de cem ou dez anos ou mesmo de alguns minutos. O conjunto de conceitos que representam as relações produzidas humanamente permite a abstração do mundo concreto, pela qual o homem volta a objetivar-se e a movimentar-se no cotidiano, que não possui um percurso *a priori* a ser percorrido, mas, conforme autores como Karel Kosik, *possibilidades* de destino e valores criados por si mesmo no desenvolvimento de sua práxis[2].

As próprias representações conceituais têm como referência o conhecimento produzido, acumulado e registrado historicamente. Tanto o momento *laborativo* quanto o *existencial*, para tomarmos as expressões de Kosik, são constituídos com a inclusão do movimento dos conceitos produzidos ao longo da trajetória humana. À medida que formou rede de relações, em crescente complexidade de acordo com sua igualmente crescente intervenção no mundo natural, o homem passou da admiração contemplativa e ingênua à negação dos limites de sua existência e do mundo constituído. Essa negatividade, que não se reduziu ao conformismo, levou-o a buscar uma nova afirmação para eliminar o acaso, mediar as relações e produzir o futuro também por meio do símbolo humano (Bornheim, 1986).

Ao retirar sua sobrevivência da natureza, construir pela práxis as condições de produção e reprodução de sua existência e complexificá-la no decurso da história (do uso das cavernas como abrigo até os sofisticados prédios de hoje; do gesto instintivo na afetividade amorosa e sexual aos complexos sentimentos de perda, de tempo finito, de transitoriedade física; da noção de espaço e tempo limitada ao imediato à possibilidade de sua formação como gênero universal, cujos símbolos permanecem para além de sua transitoriedade física individual), a ontologia humana realiza uma comunicação diferente da dos animais. Esta comunicação, que medeia o concreto do mundo pelo símbolo, tece a rede de significados e de relações pela palavra, a essência da mediação conceitual do mundo em movimento, *interiorizada* na consciência, *expressa* pela ideologia e *refletida* na ação concreta.

Para Bakhtin (1988, p. 32 e 37-38), por exemplo, "ao lado dos fenômenos naturais, do material tecnológico e dos artigos de consumo, existe um universo particular, o universo dos signos", em que o discurso interior está sempre presente, mesmo nos signos não verbais, e *torna-se parte da consciência verbalmente constituída*.

Bakhtin ressalva, contudo, que nenhum signo ideológico pode ser totalmente substituível por palavras. Isso seria, segundo o autor, demasiado "simplismo" e um "grosseiro" racionalismo. O autor russo situa bastante bem a importância da palavra, esse signo ideológico com o qual se defrontam, cotidianamente, os jornalistas em sua tarefa de construção simbólica do movimento da humanidade pela mediação de fatos, versões, opiniões, interpretações, proposições.

Afora a experimentação mecânica, a prática cega ou a rebeldia genérica contra "isso que aí está" – um redemoinho de explicações simplistas sobre o mundo – são a teoria e sua conceituação, isto é, a discussão filosófica sobre o mundo e sua complexificação mediada pelos conceitos que permitem a desalienação crescente dos indivíduos. Assim, a apropriação das palavras e de seus significados expressa a apropriação do concreto, o que constitui a possibilidade da desalienação crescente dos indivíduos. Julgamos fundamental entender que a teoria, como os homens em seus gestos mais imediatos, constrói-se também sobre sua negação, num processo infinito, não previsível e aberto.

A compreensão da diversidade e a construção de um compromisso recíproco, no qual possam trafegar conceitos e ações políticas em direção à liberdade, implicam o reconhecimento precípuo do outro e de que o debate público plural é requisito para a resolução de conflitos sociais considerados negativos, isto é, do ponto de vista moral, *ruins, maus* para a humanidade. A informação pela palavra, em que há texto escrito, oral, visual e virtual, adquire hoje um caráter central.

Vários especialistas, com maior capacidade analítica que a nossa, dedicaram-se a examinar a importância dos conceitos e sua representação diante da diversidade social e cultural. Mas podemos dizer que a palavra oral e escrita, interiorizada na consciência, age como discurso interior que está presente também nas manifestações visuais, tais como a imagem fotográfica e o fotojornalismo. Há uma verbalização da imagem e sua tradução por palavras e o que representam para permitir sua compreensão.

Nesse aspecto, não é possível aceitar integralmente proposições como "A imagem fala por si mesma" ou que a estrita imagem seja a própria essência do fenômeno ou que o explique. Ou, ainda, engolir afirmações tais como "A palavra morreu" ou "Uma imagem vale mais do que mil palavras", como se nela não houvesse milhares de palavras ou conceitos. De um lado, as pessoas percebem imediatamente uma imagem, de acordo com a acumulação anterior do saber e da particularidade com que ela foi recebida. De outro, podem alargar o próprio conhecimento imediato da imagem pela apropriação teórica do mundo e pela vivência progressiva acumulada de acordo com a cultura, com a ideologia e com a posição política diante da vida[3].

PALAVRA, DIREITO SOCIAL À INFORMAÇÃO E UNIVERSALIDADE

A DEFESA DO DIREITO social à informação implica argumentar que a informação, ao construir simbolicamente o mundo, deve expressar a diversidade conceitual com que ele se forma cotidianamente. Isso envolve o reconhecimento de que, na própria informação, é necessário que as diversas concepções, versões, culturas e comportamentos estejam presentes. Como exemplo, é possível dizer que a invasão do Iraque pelos norte-americanos deixou muitos ensinamentos sobre a diversidade simbólica do mundo. Mundos com significados diferenciados necessitam de uma ponte entre as várias particularidades para que possam revelar, em seu interior, a universalidade humana potencialmente constituinte, a maneira pela qual é possível manter uma relação ética particular e universal ao mesmo tempo.

A linguagem jornalística, texto escrito e imagem, necessita de algumas conexões com outros significados para os mesmos fatos. A diversidade de fontes que expresse a pluralidade social é indispensável para formar a compreensão do presente e permitir a intervenção mais consciente no futuro. O direito social à informação inclui a diversidade de significação do mundo, e dele fazem parte a palavra e a imagem, o jornalismo escrito e a imagem jornalística. E o direito social à informação só tem sentido se for conectado a conceitos e valores, como liberdade. O caminho para ela não passa pela supressão da informação sobre as coisas que se passam no mundo, mas pela revelação diversa e contraditória do movimento humano. Para ela, um caminho indispensável é reconhecer que, afora nosso umbigo, existe algo mais no mundo, e que seu entendimento não surge da imaginação arbitrária, mas da compreensão pelo acesso ao conhecimento acumulado e produzido, aos fatos gerados pluralmente, às opiniões divergentes. Enfim, tal como acena Bornheim (1983), a liberdade humana só tem sentido e existe se vinculada ao relacionamento social.

Nesse sentido, é possível falar em direito social à informação como direito de *todos*, e o jornalismo como a forma pela qual, cotidiana e *potencialmente* – ressalvamos –, é possível o acesso imediato ao todo plural e diverso que está sendo produzido no espaço social da humanidade e no tempo presente, ao qual se agarra o passado e sobre o qual se projeta o futuro humano, cuja maior ousadia é precisamente construir aquilo que *ainda não é* e sobre o qual não há nada que possa garantir que um dia *seja*.

Direito de expressão, liberdade de informação, direito de comunicação, direito *de* informação, direito *à* informação, direito social à informação sintetizam formulações conceituais expressivas dos vários momentos e situações sociais e políticas da trajetória humana. Em cada uma dessas expressões e em cada momento da luta pela afirmação do direito de as pessoas falarem, pública ou privadamente, assim como de ser ouvidas, esteve refletida, igualmente, alguma concepção sobre o mundo, sobre as relações sociais, sobre o indivíduo. E quando o homem engendrou, nas diferentes épocas e culturas, no espaço e no tempo, o mundo concreto das relações sociais, essa ponte efetiva entre o movimento cotidiano e sua abstração/reflexão esteve mediada pela linguagem.

A linguagem, que reflete e projeta significados, culturas, comportamentos, medeia igualmente o movimento histórico dos homens fazendo-se a si mesmos. A informação torna-se fonte de poder, e a concepção sobre a vida torna-se também, em escala social, forma e conteúdo de poder refletida no controle sobre a palavra e o acesso a ela em sua dimensão *pública*. São muitos os trabalhos produzidos sobre as fases históricas do direito humano a manifestar-se por variadas formas e em diferentes situações e meios, incluindo os meios de comunicação tal como hoje os conhecemos, em sua potencialidade de circulação planetária e em sua complexidade tecnológica. Sintetizamos, a seguir, ainda que de forma limitada, um pouco desse caminho.

BREVE HISTÓRIA DE UM TORMENTO

EMBORA A LUTA PELA livre expressão e liberdade de imprensa seja histórica, é interessante fundamentar, contemporaneamente, de forma resumida, alguns aspectos da consolidação conceitual sobre a necessidade do direito público à informação, especialmente a jornalística.

A luta pela liberdade de imprensa tem já alguns séculos, e sua origem está na própria luta pela liberdade literária constrangida pela Igreja. Com o aparecimento dos primeiros jornais periódicos, no final do século XVI, a luta toma nova dimensão em escala social. Esse processo chega a dois momentos marcantes: a Independência dos Estados Unidos, em 1776 (quando a liberdade de imprensa passa a ser entendida como suporte da própria liberdade social), e a Revolução Francesa, que, a partir de 1789, proclamou também a Declaração dos Direitos do Homem e do Cidadão, dispondo que a liberdade de exprimir ideias e opiniões era um dos direitos mais preciosos da humanidade.

Se antes, no século XVI, a luta pelo direito à informação como direito público acompanhava a efervescência intelectual e política do Renascimento e da Reforma, ao final do século XVIII ela se desdobrava na própria noção de cidadania que as duas revoluções, americana e francesa, fizeram emergir, juntamente com a circulação e reprodução ampliada – mesmo que incipiente – de produtos comerciais em escala industrial. Com isso, também se ampliavam a possibilidade e a necessidade de acesso a novas ideias, opiniões, concepções, culturas, comportamentos.

Ao final do século XIX, com a crescente industrialização da sociedade contemporânea, a informação jornalística passa a circular de forma ágil e global. Simultaneamente, sua importância é crescentemente reconhecida e começa a ser discutida em variados foros de todo o mundo.

Muitas e sucessivas reuniões sobre o direito social à informação e a importância jornalística contemporânea vêm ocorrendo de lá para cá. Em 1925, em Genebra, por exemplo, a Liga das Nações discute a informação e sua relação com a paz mundial. A partir do final da Segunda Guerra Mundial, já em junho de 1945, em San Francisco, Estados Unidos, as Nações Unidas discutem as liberdades essenciais para a humanidade, formalizando, por meio dos Estatutos da Organização das Nações Unidas para a Educação, Ciência e Cultura (Unesco), a liberdade de intercâmbio de ideias e a necessidade de desenvolver os meios de comunicação entre os povos. Mais tarde, em 10 de dezembro de 1948, as Nações Unidas proclamam a Declaração Universal dos Direitos Humanos.

O direito social à informação, entendido como o direito das pessoas receberem informações e saberem o que está acontecendo no mundo, é consagrado pela referida Declaração, em seu art. 19: "Todo homem tem direito à liberdade de opinião e expressão; este direito inclui a liberdade de, sem interferências, ter opiniões e de procurar, receber e transmitir informações e ideias por quaisquer meios e independentemente de fronteiras".

Embora formalmente garantido, o direito social à informação enfrenta obstáculos de natureza política, ideológica e cultural para sua consecução. Essa garantia formal, própria do *direito positivo*, não tem correspondência concreta, na medida em que a mediação que o Estado deveria realizar, com o objetivo de garantir efetivamente o *direito a todos*, esbarra em sua *essência* de representação da particularidade, que expressa interesses majoritários de quem detém o poder político e econômico e não expressa sua suposta representação da universalidade social, apenas *aparente*. É por isso que os preceitos liberais e subjetivos não resistem a uma análise que envolva valores universais ancorados na efetividade com que se move a *política*. E mesmo a formalização cria seu próprio limite – legal e subjetivo –, sobre o qual se vai depositando o movimento legítimo da subjetividade de outros indivíduos, cujos valores vão se objetivando, socialmente, em outra direção, isto é, com o propósito de negar o direito então positivo e formulá-lo política e concretamente em outras bases. Esse é um processo dialético no qual a norma jurídica é apenas uma referência provisória que acompanha o movimento da própria norma moral de outros indivíduos e grupos sociais, épocas e culturas. A própria Declaração Universal dos Direitos Humanos impõe restrições a si mesma, observando que todo homem estará sujeito às limitações determinadas pela lei e que esta, entre outras coisas, visa "satisfazer às justas exigências da moral, da ordem pública e do bem-estar de uma sociedade democrática".

É claro que as noções de "justas exigências da moral", "ordem pública" e "bem-estar de uma sociedade democrática" implicam algum consenso social de reconhecimento desses valores. Existe, é óbvio, uma margem de subjetividade que julga e define, formalmente, o que é *melhor* para uma sociedade. Resta saber isso expressa a diversidade social e é concretamente realizada a formalização garantida na lei, na norma e nos princípios.

Aqui, a própria Constituição brasileira de 1988 assegura, em princípio, no art. 220, a liberdade de informação: "a manifestação do pensamento, a criação, a expressão e a informação, sob qualquer forma, processo ou veiculação não sofrerão qualquer restrição, observado o disposto nesta Constituição".

No entanto, o "disposto nesta Constituição" permite toda a sorte de interpretações particulares, de acordo com a posição política, ideológica, cultural de quem tem o poder para deliberar sobre determinado fato ou afirmação. Além disso, reforça o existente como imutável: "[...] Art. 221. A produção e a programação das emissoras de rádio e televisão atenderão aos seguintes princípios: [...] IV – respeito aos valores éticos e sociais da família".

Este é apenas um exemplo: a Constituição pode se referir à família tradicional da sociedade urbana industrial cujos integrantes possuem, em média, mais de 60 anos, à família que embutiu novos valores a partir do final da década de 1960 (Woodstock ou o maio de 1968 na França), ou, ainda, à multiplicidade de famílias expressa na diversidade de comportamentos que embutem a enorme carga de informação contemporânea sobre o mundo e introjetam novos valores. Enfim, a generalidade abstrata constitucional pode ser interpretada como referência sobre a hegemonia de comportamento familiar médio do país que pode dissolver e negar espaço à emergência de novos valores, à redefinição de anteriores ou, mesmo, negar os próprios valores éticos de pessoas e famílias, na medida em que algumas devem tê-los reconhecidos, enquanto outras não.

Essa preocupação com a diversidade social e com a pluralidade de concepções sobre o mundo, que reflitam diferentes formas de expressar a cultura e as opiniões, cresceu com a formalização do direito à informação trazido após a Segunda Guerra Mundial pela Declaração Universal dos Direitos do Homem. Assim, ampliou-se, nos últimos 60 anos, o debate público e planetário sobre o tema.

Após 1948, com a Declaração Universal dos Direitos Humanos e a implementação do conceito liberal de "livre fluxo de informações", patrocinado pelos Estados Unidos (que a partir daquele momento passam a intervir em maior escala mundial e receber mais dividendos na economia internacional), o controle sobre a informação e seu processamento em todo o mundo foram hegemonizados pelas quatro grandes agências internacionais de notícias: as norte-americanas Associated Press (AP) e United Press International (UPI), a francesa Associated France Presse (AFP) e a inglesa Reuters. Elas passaram a selecionar, reciclar e reenviar, a seus escritórios, notícias produzidas por seus jornalistas em todo o mundo (especialmente no Ocidente).

A esse controle, opuseram-se os países do Movimento dos Não Alinhados, que a partir da década de 1970 credenciam-se como os condutores das discussões e propostas que giram ao redor da formulação e implementação de uma Nova Ordem Internacional da Informação, também chamada por muitos e em alguns países de Nova Ordem Mundial da Informação e da Comunicação, expressão mais adequada aos olhos da Igreja, por exemplo. O projeto defendia, globalmente, o direito social à informação e entende que as populações de vários países – especialmente do Terceiro Mundo – são mal abastecidas pela informação mundial produzida por aquelas agências. Ao mesmo tempo, reclama que as notícias procedentes dos países periféricos terceiro-mundistas são enfatizadas segundo seus aspectos mais exóticos e insólitos e com um conteúdo descontextualizador da realidade histórica e cultural de onde foram gerados e/ou ocorreram.

O projeto Noii e/ou Nomic foi objeto de muitos estudos e debates, tanto no interior da Unesco – foro principal dos debates em suas assembleias, reuniões e encontros ocorridos em diversos países – quanto em institutos de estudos, tais como o Instituto Latino-Americano de Estudos Transnacionais (Ilet), que desenvolveu diversos e abrangentes trabalhos sobre informação e comunicação.

Um dos principais trabalhos foi, igualmente, o registrado pela Comissão Internacional para o Estudo dos Problemas da Comunicação, mais conhecido como *Relatório MacBride*, já que a comissão organizada para formulá-lo era presidida pelo irlandês Sean MacBride, já falecido. A decisão de estudar e propor globalmente problemas para a comunicação resultou da XIX

Conferência Geral da Unesco, realizada em Nairóbi, em 1976. No trabalho, especialistas de vários países, em alentado dossiê, discutiram e registraram alguns dos problemas centrais dos meios de comunicação, do direito social à informação, da responsabilidade dos governos e dos jornalistas no processamento da notícia e da estrutura informativa mundial.

No entanto, a diversidade dos participantes, a heterogeneidade dos países patrocinadores, as dificuldades conceituais e o boicote à implementação de algumas proposições do trabalho (por parte dos Estados Unidos, principalmente com relação a verbas) fizeram com que propostas de diversificar a propriedade dos meios e de pluralizar as fontes não prosperassem.

Apesar das dificuldades de implantação de projetos específicos e da insuficiência teórica do relatório, o trabalho aponta princípios ontológicos que intuem a potencialidade do direito social à informação e dão substrato para a fundamentação ética desse direito[4]. Autores como Desmond Fischer (1984, p. 15) aprofundam, posteriormente, alguns conceitos do relatório e envolvem o próprio conceito de direito para tentar resolver o impasse entre a formalização do princípio e sua consecução real, encaminhando-o a uma fundamentação teórica que evidencie a importância ética sobre a liberdade humana: "Na ausência de liberdade e da capacidade de comunicar, como pode o gênero humano, em nível individual e comunitário, desenvolver a plenitude de seu potencial?"

Para Fischer (ibidem, p. 16), o direito de comunicar é universal, e "subjacente ao conceito há uma sugestão ética ou humanitária sobre a responsabilidade de assegurar uma distribuição global mais justa dos recursos necessários para que a comunicação se torne possível". O autor ainda acrescenta: "Os direitos humanos ou as liberdades humanas são determinados pelas necessidades humanas. Exprimem o que os seres humanos requerem para desenvolverem seu pleno potencial, para atualizarem sua plena humanidade" (ibidem, p. 17-18).

Em parte, o autor vislumbra a potencialidade do gênero humano e argumenta um princípio ontológico a fim de seguir em direção à liberdade sobre a qual, de certa forma, o Relatório MacBride só orbita. No entanto, ao falar em "pleno potencial" da humanidade, Fischer parece entender que a humanidade possui uma essência e que esta – além de *boa* – vai ser encontrada *naturalmente*, desde que cada indivíduo não tenha amarras a prendê-lo. Contudo, não é possível defender a definição apriorística de destino e essência humanos. O homem é um ser que pode ou não se realizar como humanidade, e *humanidade* é, também, um *valor* construído. Nesse sentido, como a humanidade é movimento, não é possível dizer que ela um dia estará ontologicamente construída e epistemologicamente compreendida, pois isso seria, de certa forma, negar o próprio movimento e a noção de práxis.

Embora haja reações contrárias à prevalência de uma "cultura do narcisismo" ou "razão cínica" ou, ainda, "cultura do desengajamento" (conforme expressões do psicanalista Jurandir Freire Costa[5]), e como não há um caminho apriorístico consagrado, o que existe são possibilidades de presente e futuro engendradas pelo próprio gênero. Nesse sentido, a construção de uma ética humanista e universal – que não dilua o indivíduo, mas mantenha-o como ponte com o outro – é fundamental para tentar resolver o impasse entre o direito social à informação, a mediação profissional do jornalista e a realidade em reconstrução cotidiana pelos veículos de comunicação, por meio da informação imediata apropriada em conjunto por aqueles que a produzem.

Há 150 anos, um indispensável pensador, Karl Marx (1980, p. 37), já afirmava: "A essência da imprensa livre é a essência característica, razoável e ética da liberdade. O caráter de uma imprensa censurada é a falta de caráter da não liberdade".

Para uma afirmação de tal magnitude, é necessário situar a importância da informação jornalística a partir da sociedade industrial. Muitos autores fundamentam a necessidade do direito social à informação e do jornalismo, entre eles, Adelmo Genro Filho (1987b, p. 220):

A integração radical do indivíduo e do gênero, a mútua dependência e penetrabilidade, as amplas e complexas mediações entre um e outro, enfim, a nova dinâmica que emergiu com o capitalismo entre o singular, o particular e o universal – tudo isso significa que as condições para a transformação da individualidade em "pessoa" e do gênero em "humanidade" estão concretamente colocadas. Para realizá-las, além das barreiras políticas e sociais que devem ser removidas, é necessário que cada indivíduo tenha acesso à imediaticidade do todo no qual está inserido. E que possa participar, de forma imediata, na qualificação desse todo em cada momento no qual está se constituindo algo novo. As influências que os fatos mais distantes exercem entre as vidas dos indivíduos de todo o planeta não esperam, nem deveriam esperar, interpretações "técnicas" ou "científicas" oficiais ou autorizadas. Na maioria dos casos, elas são quase instantâneas. Por isso, os indivíduos precisam viver tais fenômenos como algo pessoal, pela feição indeterminada e inovadora do singular, como realidade que está se desenrolando, se autoproduzindo e que não apresenta um sentido fechado e nitidamente delimitado.

A liberdade de expressão e o direito social à informação, mediados pela atividade profissional dos jornalistas, podem – mesmo com as contradições inerentes ao capitalismo – caminhar na defesa da informação como bem público e social, tensionando os limites políticos e ideológicos da atual estrutura informativa, a fim de constrangê-los pela fundamentação teórica, ontológica e epistemológica ao lado da ação política concreta num movimento que sintetiza e analisa a realidade e, simultaneamente, age sobre ela.

No jornalismo, essa práxis comprometida com a potencialidade epistemológica, política e tecnológica da atividade deve ser somada à radicalidade da defesa ética da profissão. Se a informação é um bem público e social, como define a Unesco, precisa superar os complexos limites em que se move atualmente. A informação implica ser mediada por uma ética que, sem apegar-se somente a normas de conduta, reflita uma própria teoria moral que rompa com a moralidade conservadora, com a legalidade e dominação vigentes e construa-se com base em valores como *liberdade* e *humanidade*. Alguns princípios intuem isso, mas também não fogem, em muitos casos, ao "tormento" causado pela contradição entre o reconhecimento legal e a impossibilidade prática. Por isso, é interessante discorrer um pouco sobre a noção de *direito* e sua relação com a informação jornalística e a ética profissional.

NORMA JURÍDICA E MORAL, MEDIAÇÃO DO ESTADO E MEDIAÇÃO INFORMATIVA

NO MUNDO EM QUE há o reconhecimento do outro e onde a palavra *relação* está ligada a algo fora de si mesmo, o indivíduo deixa de ser um mero apêndice natural agregado à vida para ser uma ponte que vai da individualidade para a totalidade e desta para sua singularidade. Assim, tomando como referência a crescente complexidade contemporânea, com suas implicações e conexões culturais, políticas e sociais, só há sentido falar em direito e ética se essas noções forem vinculadas às de compromisso com o outro, com as relações humanas que, produzidas socialmente, resultam tanto no reconhecimento da autonomia do indivíduo quanto no compromisso deste com a autonomia de todos os demais. Nesse sentido, não há como fugir da noção de mediação jurídica exercida pela estrutura do Estado nem da mediação moral exercida pela norma ética.

De qualquer forma, para perceber essas noções e reparti-las socialmente, deve haver, ao menos, alguma base de consenso que reduza a arbitrariedade individual e a submeta a um acordo social em que cada indivíduo mantém sua autonomia mediada pela autonomia dos outros. Assim, embora o Estado capitalista seja apenas *aparência* de universalidade, a tendência a torná-lo *essência* situa-se nas concepções políticas, morais e éticas, enfim, noções que se categorizam ao redor da filosofia, a fim de apanhar tanto o conjunto de fenômenos produzidos pela humanidade quanto as particularidades de cada um desses fenômenos produzidos pelo indivíduo. Essa construção, que está na raiz mesmo da práxis humana, tem na efetividade da Política sua provisória consecução – com preservação de princípios éticos –, num movimento dialético interminável como o próprio homem e seu simbolismo.

Dessa forma, não são somente possíveis como imprescindíveis os pressupostos criados pelos próprios homens que possuem uma visão social do mundo (ideologia) comprometida com a liberdade construída dia após dia.

A base dessas concepções filosóficas, aliada à efetividade política cotidiana, deve agir ao redor de um eixo em que determinados valores sejam reconhecidos e possíveis de ser realizados. No Estado capitalista atual, é impossível deixar de tensionar o próprio limite legal para formulá-lo em outras bases, ao mesmo tempo que ele é parcialmente reconhecido como válido. É necessário que cada indivíduo tenha reconhecida sua autonomia, mas ela está associada à dos demais indivíduos.

O reconhecimento do indivíduo é o reconhecimento da multiplicidade de indivíduos que, embora diferenciados entre si, possuem uma inseparável conexão com a totalidade social, da qual devem se apropriar para afirmar tanto sua singularidade quanto a particularidade que carregam, seja cultural, social ou política. O reconhecimento público dessa diversidade é o reconhecimento da diversidade dos outros. É, portanto, no campo da crescente universalidade humana, buscada e reconhecida, que pode situar-se mesmo a busca de noções como liberdade do indivíduo.

Nesse sentido, é possível falar em direito. E, tomando como referência a universalidade humana em construção, é justificável falar de um gênero que se articula ao redor da contemporaneidade e precisa satisfazer necessidades criadas pelo seu desenvolvimento, seja no campo amoroso, sexual ou estético, seja no econômico, cultural ou histórico. A busca dessa realização embute também a necessidade de buscar informação sobre o cotidiano em movimento, mediado por uma atividade específica, a jornalística, que exige um comportamento ético comprometido com essa produção diária.

A busca da formação consciente do futuro implica que cada indivíduo, no interior da coletividade, tenha possibilidade de apropriar-se, de conhecer, de saber o que significa o outro indivíduo, os outros grupos, as outras sociedades, as outras culturas e comportamentos, bem como acesso à pluralidade de acontecimentos produzidos por eles.

A informação diária, que pode mostrar o mundo a si mesmo, é requisito indispensável para que o sujeito que se constrói com os outros cotidianamente não seja um mero apêndice encostado na sociedade.

O acesso a essa produção diária da humanidade sempre trouxe maior possibilidade de desalienação e, com ela, a rebeldia diante do curso "natural" das coisas. É por isso que a propriedade da informação é tão valorizada, tanto como fonte de lucro quanto como expressão de poder que detém o controle sobre os fatos, opiniões e ideias e sua divulgação em escala social, planetária e pública. A luta pela liberdade de acesso à informação e liberdade de expressão se defronta milenarmente com esse problema.

No século VI a.C., Zeleuco de Locros[6] publicou uma lei, na Grécia Antiga, proibindo criticar o governo e a cidade. Ele tinha uma ideia de *bem* e *mal*, noções que acompanham a humanidade desde seus primórdios (desde a práxis e a ética utilitárias expressas, por exemplo, na escolha do abrigo, do alimento e do movimento ao redor exclusivo da subsistência física).

Hoje, contudo, diferentemente da Grécia de Zeleuco, o desenvolvimento industrial e tecnológico, se trouxe novas possibilidades de entendimento aos homens e dimensões humanas não existentes à época, também carregou consigo sua tragédia potencial: a possibilidade de extinção da própria espécie. O homem criou, enfim, um mundo potencialmente mais largo, coletivamente mais usufruível e, simultaneamente, com maiores riscos de autodestruição. Se à época da Grécia Antiga não havia possibilidade de informação generalizada pelo planeta, isso tinha correspondência social. A sociedade humana de então não possuía uma importância universal relacionada com todo o gênero: não havia informação, da forma como hoje se conhece, sobre aquilo que ocorria em outros lugares. Ela adquire essa importância a partir da sociedade industrial.

Atualmente, a informação é essencial não apenas para que saibamos o que acontece nas distintas regiões do mundo e nos posicionemos diante de culturas, comportamentos, política, economia etc., mas também para que saibamos que em algum lugar do planeta estão decidindo, por exemplo, se vamos ficar vivos ou vamos morrer. A importância atual da informação jornalística e do direito social à informação precisa ser tratada, na contemporaneidade, na dimensão que possui a conexão internacionalizada da economia, da cultura, da política, enfim, da sociedade humana em sua complexidade ontológica, epistemológica e tecnológica no século XXI. Falar em direito, em moral e em ética não é, portanto, somente nos rendermos às evidências do que já existe, às evidências dos limites da prática social e da prática jornalística. Implica, ao contrário, a potencialidade de intervir no futuro social da humanidade.

Nessa direção, o direito social à informação não pode, simplesmente, estar submetido à lógica e aos limites dos interesses políticos, financeiros e mercadológicos por onde transita, atualmente, o mundo da comunicação e de seus donos. Também, não pode ser restringido pela deliberada manipulação de repórteres, editores, fontes. Afinal, a imprensa não pode "invocar os privilégios de um sacerdócio protegido pela divindade, ao mesmo tempo em que se comporta como um folião carnavalesco" (Greenfield, 1987, p. 71).

Para garantir o efetivo direito social à informação, deve-se circular, ao menos, ao redor de dois eixos básicos: a *democratização dos meios de comunicação*, ampliando a pluralidade e diversidade tanto de fontes quanto de propriedade – incluindo a segmentação e regionalização da produção –, e a *mudança da noção ética da profissão*, mesmo na estrutura informativa atual, que envolve um compromisso moral radical do profissional jornalista específico com sua atividade.

2 Ética, moral e deontologia: breves comentários

AFIRMAÇÕES COMO "ISTO É um problema ético", "Aquele indivíduo feriu a ética", "Aquela é uma atitude antiética" são comuns. A generalização de que tudo tem relação com a ética pode ser perfeitamente entendida. Não é possível a existência de alguma coisa que, tendo significado humano, não possua alguma conexão, por remota que seja, com uma moralidade constituída precisamente pelos homens em sua trajetória.

Desde seus primórdios, o homem sempre se defrontou com a necessidade de fazer opções, mesmo que fosse para satisfazer desejos imediatos ou necessidades biológicas, como saciar a fome e a sede. E se, naquele momento, a força física, os limites do espaço e a tênue noção de tempo faziam com que se movesse pelo arbítrio do impulso, a criação de uma linguagem em que pudesse diferenciar o mundo, criar e compreender conceitos permitiu, também, submeter-se menos ao acaso: foi constituindo uma ontologia própria diferente da dos demais animais e objetivada no trabalho. As relações sociais engendradas a partir daí revelaram a necessidade da reflexão ética, isto é, pensar o mundo moral como objeto de relações axiológicas entre indivíduos, grupos e sociedades. No tempo e no espaço, a humanidade foi criando, pela práxis, o artifício da linguagem e da cultura, consubstanciando a ideia valorativa de seu movimento e, progressivamente, diferenciando *ética, moral* e *deontologia*.

Nesse sentido, embora conectadas entre si, é necessário distinguir ética e moral de deontologia.

Em sua origem, ética e moral tinham significado quase idêntico, o de caráter, costume, maneira de ser, sendo o primeiro termo derivado do grego *ethos*, enquanto o segundo é originário do latim *moralis*. Deontologia, derivado do grego *deontos*, significa o que deve ser, isto é, a cristalização provisória do mundo moral, validado pela reflexão ética, em normas sociais concretas, em princípios formais e, em alguns casos, em normas jurídicas. A normatização deontológica de regras e condutas morais reflete, portanto, a sistematização social daquilo que existe na esfera moral e é objeto da reflexão ética.

Ao longo da história humana, foi-se diferenciando ética de moral. Enquanto esta envolvia-se com o conjunto de normas que refletia determinado comportamento, cultura e período, aquela, para alguns autores aos quais nos alinhamos, significava a reflexão sobre o mundo moral dos homens.

Para Sánchez-Vázquez (1987, p. 11 e 13-14), por exemplo, a ética não pode ser reduzida a um conjunto de normas e sua finalidade é estudar, explicar e influenciar a própria moral. Embora o autor apresente traços até certo ponto ortodoxos em relação ao entendimento sobre a ética e a trate em uma dimensão quase científica, seu livro é bastante didático e profundo a respeito dos problemas morais da humanidade.

Há opiniões próximas sobre a reflexão ética, como a de Guisán (1986, p. 19): "La ética es la disciplina que indaga la finalidad de la conducta humana, de las instituciones sociales, de la convivencia en general".

Nesse sentido, só é possível abordar a problemática ética se nos colocarmos uma finalidade, isto é, se estivermos baseados em alguns pressupostos, se levarmos em conta que o gênero humano, apesar de sua diversidade, é precisamente *humano*; que, apesar de suas particularidades sociais e singularidades individuais, possui um traço de universalidade; que sua ação, conhecimento e cultura, na escala contemporânea de conexões, têm uma totalidade que se interpenetra e, dialeticamente, nunca está acabada e completa (antes, está sempre, de certa forma, negando-se como *presente* para construir um *outro*, precisamente o *futuro*); que nessa trajetória a desalienação[7] do sujeito que produz a vida e a história é fundamental para também produzir a si mesmo como indivíduo integral.

Para Kremer-Marietti (1989, p. 11-12), por exemplo, a moral erige-se como uma "segunda natureza" e perde progressivamente a consciência sobre si mesma, tornando-se "uma civilização, uma cultura, um todo socialmente objetivado e cujo equilíbrio só pode ser rompido pela exigência imperiosa de novos problemas éticos. A ética é então colocada a distância da consciência moral comum, de seu bem e de suas virtudes".

No corpo do trabalho, desenvolvemos, na medida do possível e de nossa capacidade, a ideia da reflexão ética como movimento de desalienação e da redefinição tanto do comportamento moral quanto dos princípios deontológicos. Estes só têm sentido, em nossa avaliação, se forem entendidos como desalienação diante, por exemplo, de uma profissão, e como movimento de transformação do indivíduo em sujeito que, inscrito no mundo, reflete filosoficamente sobre si mesmo, sobre seu trabalho, suas relações sociais e age politicamente. Assim, não é possível partir do nada, isto é, sem alguns pressupostos valorativos e algum paradigma, mesmo que este reflita interdisciplinaridade.

É necessário, portanto, diferenciar a generalização do senso comum, que faz coincidir o significado da ética com o dos códigos existentes em sua normatização, seja do ponto de vista do Estado, seja nos existentes no âmbito das categorias profissionais ou empresariais e institucionais.

Se todos carregamos valores e os revelamos no momento da escolha, seja a imposta pela vontade ou pela necessidade (como ir a um ato público a favor da paz, adquirir um sabonete marca *Y* em um supermercado ou preencher um formulário para a obtenção de um emprego), é também possível constituir um campo em que nos perguntemos, afinal, para que fazemos isso e qual o sentido de nossa conduta para nós e para os outros. A reflexão ética, não redutível nem à moral vigente nem aos códigos formais, é essencialmente um momento em que nos perguntamos, radicalmente, qual o sentido de uma vida, de um indivíduo, de uma profissão e o que afinal estamos fazendo.

A ampliação da possibilidade de escolha diante do mundo e dos valores que o formam pode ser a própria escolha de outro mundo e outros valores, permitidos pela existência da liberdade de escolha. A reflexão ética é também projeção para o futuro. É reflexo do existente, mas também sua negação, para afirmar novos valores com base em pressupostos para a consecução de algo que não está dado de antemão. Quando Sartre argumenta que o homem está condenado à liberdade, lembra que também é dele a obrigação de projetar-se ao futuro, de constituir o presente, e é ele o responsável por seus resultados, sejam quais forem, inclusive o de uma escolha cuja consequência seja a permanente escravidão ou barbárie. Isto é, Sartre afirmou que a escolha cabe ao homem. Essa busca permanente por perscrutar o gênero humano e por uma saída possui um profundo sentido moral que o genial autor francês deixou a todos nós. A busca de caminhos para a humanidade no início do século XXI não foge às indagações e aos tormentos expostos por Sartre (1990, p. 7) há mais de 60 anos: "Eu procuro, portanto, a moral de hoje... tento elucidar a escolha que um homem pode fazer de si mesmo e do mundo em 1948".

Essa preocupação de Sartre é uma preocupação ética com a humanidade e com o indivíduo que a constitui. É uma preocupação com a possibilidade de escolher e os limites materiais e morais colocados. É uma preocupação que autores das várias partes do mundo, ao longo de milênios, em diferentes momentos da história, mantiveram como tormento e indagação diante da vida[8].

Se levarmos isso para o jornalismo, poderemos tomar duas atitudes: achar que seu desdobramento contemporâneo é natural e, portanto, devemos apenas nos render à repetição do dia anterior e à sua modificação imposta pelo surgimento das novas tecnologias, interesses econômicos e políticos formulados pela "lógica do mercado"; ou, ao contrário, pensar que é possível construir um campo de conhecimento fundamental para a humanidade, no qual a inscrição da ética seja central para que o futuro não se torne apenas um conformado refém do passado. Mesmo assim, a única certeza de solução é de que a luz no fim do túnel pode ser somente mais fogo.

Se os sujeitos afirmam-se social e politicamente no mundo, afirmam-se também filosófica e eticamente nele. Do contrário, a submissão levará ou à covardia ou ao oportunismo... como já foi apontado magistralmente por muitos filósofos. O niilismo mostrado pelo diretor Denys Arcand, em seu filme *O declínio do império americano*, é exemplar. Nele, uma das personagens, perguntada sobre se gostaria de ter filhos, respondeu, genericamente, que seria ter uma ideia muito otimista de si mesma querer se reproduzir como gênero...[9]

Refletir sobre a ética em uma atividade é, além de um tormento pessoal, um exercício de afastamento de uma prática imediata, de complexificação da moral profissional e de inscrição da profissão na contemporaneidade, com as previsíveis complicações de tal tentativa.

3 Para uma defesa moral do jornalismo e de sua especificidade ética

A DEFESA DA NECESSIDADE de uma ética jornalística exige que se considere a atividade importante moralmente e se reconheça nela alguma especificidade que a distinga das outras. Não são incomuns afirmações solenes sobre qualquer atividade profissional ou qualquer ação humana. Enfim, as palavras são usadas precisamente para exprimir algo, mesmo que *esse algo* seja alguma coisa desconexa de qualquer outra. Mas esse direito de expressão deve ser garantido, tão garantido quanto o de polemizar sobre tal afirmação ou de simplesmente rebatê-la. É por isso que nos aventuramos a investigar e opinar sobre algumas proposições e afirmações tão solenes quanto genéricas, vazias ou perigosas feitas por alguns estudiosos e jornalistas a respeito, precisamente, da *atividade jornalística*.

A INSUSTENTÁVEL CERTEZA DE JANET MALCOLM

A AFIRMAÇÃO DE JANET MALCOLM (1990, p. 11)[10], de que o jornalismo é "moralmente indefensável", tem correspondência na atribuída a Honoré de Balzac, para quem, "se a imprensa não existisse, seria preciso não inventá-la"[11].

De acordo com Malcolm (ibidem), "Qualquer jornalista que não seja demasiado obtuso ou cheio de si para perceber o que está acontecendo sabe que o que ele faz é moralmente indefensável. Ele é uma espécie de confidente, que se nutre da vaidade, da ignorância ou da solidão das pessoas".

Como enfrentar essas afirmações? O fato é que o jornalismo está no mundo e veio para ficar, em suas diferenciadas e, em alguns casos, discutíveis formas. E não há nada que aponte seu fim, a não ser a possibilidade de extinção do próprio gênero humano. Mas os complexos atos, gestos, fatos, versões que, contemporaneamente, engendram as relações humanas em sua escala global e planetária exigem algum tipo de mediação informativa imediata, que cabe ao jornalismo fazer por meio de sua especificidade técnica, ética e estética e em seus variados suportes.

Talvez Janet Malcolm tenha feito suas afirmações com base em sua experiência pessoal com a imprensa, tanto como profissional que entrevista quanto na condição de fonte entrevistada. No entanto, a generalização de suas opiniões traz consequências graves ao entendimento sobre a atividade profissional. Na verdade, a escritora norte-americana põe o jornalismo num quarto escuro, tranca-o e joga fora a chave. Condena o jornalismo a não ter saída – pelo menos para ela – e tenta convencer os demais com frases de efeito de que ele não tem futuro digno e potencial, do ponto de vista moral e ético. Considera, de certa forma, que o único futuro existente é o presente já devidamente condenado. É, além de uma condenação carregada de juízos de valor particulares, um contrabando da experiência particular para uma pretensa análise profunda. Trafica para seu livro os preconceitos sociais genéricos em relação à profissão e tenta esconder a fragilidade dos argumentos, escorregando em textos curtos e relatos de *uma* das histórias que abordam *um* dos numerosos casos que envolvem a mediação diária da realidade exercida pelo jornalismo, com suas implicações morais e éticas.

Janet Malcolm carrega consigo um nítido limite intelectual, que não leva em conta a existência de outras chaves para abrir o mesmo quarto nem de luzes mais fortes para iluminar a pouca claridade em que põe a atividade jornalística.

A escritora não deixa margem às possibilidades que se abrem ao jornalismo. Separa-o da política e empobrece-o filosoficamente.

Para ela, o futuro está condenado, já que não poderá ser nunca, com relação ao jornalismo, mais do que os limites do presente. Embalsama o profissional dentro do caixão do mal e não percebe que, junto com a mesquinharia e a miséria cotidianas do jornalismo, caminha também sua potencialidade grandiosa de reconstruir cotidiana e pluralmente o mundo no qual todos nós nos envolvemos e do qual participamos ao apropriarmo-nos do movimento diário da humanidade. Essa potencialidade precisa ser afirmada contra o arbítrio dos juízos particularistas que justificam a censura, a perseguição a jornalistas e todos os desprezos unilaterais e "definitivos" pela atividade. Se existe necessidade de discutir o jornalismo, também é preciso pensar mais na tênue linha que separa suas observações da irresponsabilidade e dos mesmos juízos emitidos, por exemplo, por censores e autocensores de todas as latitudes.

Ao contrário do que acha Janet Malcolm, o jornalismo é indispensável para o presente e o futuro da humanidade. E, se a humanidade é também um valor a ser defendido, é preciso reconhecer no jornalismo – *potencialmente* – uma forma de reconstrução diária do movimento humano para si mesmo, no qual os homens se tornam não somente reflexo, mas também projeção. O jornalismo não é só moralmente defensável. Ele é *moralmente imprescindível*. Ou seja, em sua potencialidade, o jornalismo é a forma pela qual as pessoas vão se apropriando cotidianamente de seu movimento no interior da humanidade e, desta, em sua autoprodução diária. É daí que elas extraem sensibilidade, movimento, opinião, *intervenção* diante dos enormes e complexos conflitos não resolvidos pelo gênero humano. E isso, é claro, tem íntima ligação com a afirmação, a crítica e a transformação de valores em conexão com a ação na esfera política e cotidiana, concreta e imediata.

Ora, Malcolm usa palavras como *indefensável, moralmente, vaidade, ignorância* e *solidão*. O que isso quer dizer? Em primeiro lugar, significa o reconhecimento de que as palavras expressam algo e têm alguma coisa a ver com o mundo. Em segundo lugar, ao utilizar-se de expressões como *indefensável* e *moralmente*, há o reconhecimento de uma dimensão moral nas coisas, as quais, estando no mundo – como as atividades profissionais –, podem ser defensáveis, incluindo a defesa moral, a qual Malcolm acha impossível de ser feita em relação ao jornalismo. Em terceiro lugar, ao reconhecer a validade de palavras e os valores que embutem, como *vaidade, ignorância* e *solidão*, a autora os reconhece como maus, já que, no caso do jornalismo, considera que a atividade profissional aproveita-se desses valores ou situações, os quais entende como negativos e/ou frágeis.

O problema é que não é possível lidar com uma mão única da moralidade porque, se isso fosse viável, as próprias expressões *vaidade, ignorância* e *solidão* estariam soltas no mundo e sem relação social. Para que reconheçamos que existe *vaidade, ignorância* e *solidão*, temos de reconhecer – e é o que implicitamente faz a autora – que existe a *não vaidade*, a *não ignorância*, a *não solidão* ou, em outras palavras e valores, a *simplicidade*, o *saber* e a *integração social e afetiva ao mundo*.

O jornalismo trabalha com valores e significados contraditórios. Expressa-se em uma ou outra direção, dependendo do profissional que executa determinada pauta, da estrutura de controle informativo de um meio, dos critérios de noticiabilidade e de vários outros fatores, alguns deles tratados mais adiante. Se a atividade jornalística fosse mesmo – e somente – nutrir-se da vaidade, da ignorância e da solidão das pessoas, como poderia ser dimensionada a revelação de cemitérios clandestinos (por exemplo, em Perus, São Paulo), onde o regime militar brasileiro enterrou alguns de seus torturados e assassinados brutalmente? Isso não ajuda a elucidar um período do país e a acumular conhecimento, *saber* (*não ignorância*), para permitir uma ação mais consciente diante de novos fatos e opiniões que se expressam cotidianamente ainda hoje? Ou não há nada de valor em esclarecer sobre o vírus da aids e os preconceitos existentes? Esclarecimento que, dependendo da forma de tratamento do tema e do veículo, pode ajudar à compreensão do problema e criar gestos de solidariedade que se refletem em comportamentos antipreconceituosos? Isso não é eliminar ou reduzir a *solidão* dos portadores do vírus? Da mesma forma, conhecer, pela tradução imediata e clara, um acontecimento que mostre a rotatividade do poder e os limites claros da finitude humana não ajuda a situar o indivíduo diante de sua vida e a levá-lo a se envolver mais apaixonada e simplesmente com as coisas de seu tempo?

Se há deficiências e problemas no jornalismo contemporâneo, eles não podem ser generalizados. Nem mesmo os limites da atividade profissional são definitivos. A ação moral e política no presente não está apenas submetida ao *já dado*, mas vislumbra aquilo que *ainda não é*. É por isso, também, que não somos iguais a nossos antepassados de dois milhões de anos atrás, e é por isso que os filhos não são apenas uma reprodução fiel de seus pais, nem os novos jornalistas um espelho dos anteriores, tampouco os meios de comunicação submissos exclusivamente aos interesses particulares de seus proprietários...

Hoje, é difícil encontrar alguém que ache possível viver sem uma mediação diária da realidade que permita ter acesso ao que se passa no mundo, a qual integra-o de uma ou de outra forma e diz respeito a todos. Mesmo um acontecimento distante, como a queda da cotação de um produto na Bolsa de Chicago, terá efeitos na vida cotidiana de um pacato cidadão do interior de Santa Catarina. Da mesma forma, os conflitos no Oriente Médio, a falência de modelos econômicos, as propostas do governo para a Previdência Social, o crescente índice de criminalidade e miséria social expressos por assaltos, sequestros, mortes e assim por diante.

O problema, a rigor, não é do jornalismo como gênero e consecução. É mais da forma, do conceito de fato jornalístico, da pauta, da seleção e hierarquização dos fatos e de suas fontes, das distintas visões sociais/ideológicas e da concentração da propriedade dos meios, que impede a pluralidade capaz de refletir a complexidade e diversidade dos acontecimentos de cada dia.

Por isso, mais do que afirmar solene e, às vezes, talentosamente que o jornalismo não tem saída, é necessário debruçarmo-nos sobre essa atividade permanente e aprofundar estudos sobre esse campo. O jornalismo, mesmo não dispensando a concorrência e o auxílio de outras áreas do conhecimento – que o completam e enriquecem –, tende, para obter um estatuto de grandeza, a constituir uma esfera própria de estudos, o que pode incluir, mas não se esgotar, nos palpites sobre a profissão feitos pelas esquinas, dentro das redações ou nas conversas informais em bares num fim de noite.

Mais do que a solenidade das afirmações apressadas ou o talento para escrever algo tão contundente quanto frágil, é necessário constituir um campo de estudos próprio e mostrar que, para além de sua gênese, o jornalismo é de vital e permanente valor para a humanidade. Contém uma irrecusável importância contemporânea, com consequências ontológicas e epistemológicas, morais e éticas para a humanidade, ainda que no novo cenário da chamada Sociedade da Informação ou Sociedade da Informação e do Conhecimento, tema ao qual voltaremos adiante.

A reflexão sobre o jornalismo não pode levar em conta somente a prática e seus limites, mas também a possibilidade de ruptura com esses limites para formular outra prática ou afirmar a boa prática contra os limites que a constrangem. Se reconhecemos a importância contemporânea do jornalismo e a necessidade de refletir sobre ele, temos de reconhecer que há uma moral que o envolve e uma ética profissional que pode ser tratada especificamente.

CLÁUDIO ABRAMO E A GENERALIDADE MORAL

O TALENTO PROFISSIONAL E a honestidade intelectual do jornalista Cláudio Abramo (um dos melhores jornalistas da história brasileira) não impediram, por exemplo, uma afirmação sua que vem sendo usada seguidamente por vários profissionais, muitas vezes para escapar de uma discussão mais profunda sobre o compromisso social de sua atividade e sua responsabilidade perante o público: "não existe uma ética específica do jornalista: sua ética é a mesma do cidadão" (Abramo, 1988, p. 109)[12].

De certa forma, Abramo fala no comportamento do jornalista diante dos fatos, da empresa e dos colegas. Refere-se ao profissional, *também cidadão*, diante do governo, do Estado, da democracia e da opressão. Com relação a isso, está correto. Mas é insuficiente.

De algum modo, ele destacava que o dever de cidadania deveria se refletir no exercício da profissão. Mas observava, no mesmo livro, que os donos dos veículos jornalísticos tinham, eles sim, sua ética. Ora, parece haver um claro problema na observação. Se a ética jornalística não existe e o profissional tem a mesma ética do cidadão, estariam os donos/empresários da área fora do conceito de cidadania e da aplicação de valores a ela impostos ou exigidos? Estariam os donos em uma categoria à parte desde a perspectiva eticodeontológica? No caso, parece que algumas conversas informais adquirem certa sacralidade que vem sendo ritualizada em sucessivos eventos e/ou declarações.

Ainda que debates sobre ética jornalística se sucedam, ouvem-se, aqui e ali, observações que repetem Abramo... e novamente o repetem... e mais uma vez o citam. Em muitas ocasiões são lembradas por empresários (quase sempre no início de algum evento sobre o tema ou sobre a área), mas também por profissionais, professores e estudantes. As opiniões de Abramo sobre o tema não ultrapassam um parágrafo.

O debate sobre ética jornalística, quando assume tal perspectiva, é descartado por frases que, em geral, não passam disso. Entre elas, as de que "ou se é ético ou não é" "Ética não se aprende", "Jornalista nasce feito e com valores pessoais", "Jornalista nasce ético ou não".

Dada sua generalidade, referidas observações, situadas entre a crença na virtude genética dos cidadãos e na formação geral moral para o exercício da profissão, trazem alguns problemas concretos. Quando estes aparecem, surgem outras vozes (às vezes as mesmas), com outras frases: "Precisamos discutir mais nossa profissão"; "A ética jornalística é a coisa mais importante na profissão", "Qual é a nossa ética?", "O jornalista sabe que seu papel exige grande responsabilidade social", "Até onde podemos ir?"...

O jornalista não é um profissional que faz uma cirurgia do coração. E existe alguma diferença entre lidar eticamente com a cirurgia como ato médico e contá-la aos outros como acontecimento que possui interesse social ou relevância pública. Embora exista conexão entre as várias particularidades dos atos humanos, há também alguma distinção entre o ato particular de realizar uma operação cirúrgica por intermédio de um especialista – o médico – e o ato de levar esse fato ao conhecimento das pessoas, que se apropriam dele sem tê-lo vivenciado, pela mediação de outro profissional, precisamente o jornalista.

Essa distinção é óbvia, mas importante para detectarmos a necessidade de, se preliminarmente estamos de acordo em que deve haver honestidade similar entre médico e jornalista, constatar que *medicina não é igual a jornalismo*. Embora possa haver uma ética social que os aproxime, é preciso, no interior dessa generalidade moral, desvendar as particularidades do trabalho de cada um. É indispensável, portanto, constituir o campo da ética jornalística.

Pela afirmação de Abramo, em sua generalidade, poderíamos deduzir que o jornalista tem a obrigação moral e técnica (conhecimento específico) de construir uma ponte tão bem quanto um engenheiro, ou socorrer uma vítima de acidente aplicando os recursos do saber proporcionados pela medicina (inclusive tecnológicos), com responsabilidade tão grande quanto o profissional médico ou enfermeiro. O compromisso de levá-lo a um hospital pode ser semelhante, mas a indistinção no reconhecimento de acúmulo de saber específico poderia levar o jornalista a matar o acidentado. Da mesma forma, a lógica de Abramo poderia sugerir que tanto médico e engenheiro teriam um compromisso tão grande com a linguagem jornalística, com as fontes de informação, com a coleta e a edição de material jornalístico quanto o jornalista profissional. É evidente que, com a morte de Abramo, em 1987, é difícil um debate aprofundado sem ele. Mas, tendo deixado seguidores, também não é possível deixar de lidar com tais argumentos, que não esclarecem, muitas vezes, a atividade profissional cotidiana no jornalismo.

Voltando ao campo da ética jornalística, podemos dizer que só é possível constituí-la, em bases reais, se levarmos em conta a necessidade de, na particularidade do jornalismo, desdobrar-se a própria complexidade crescente da humanidade, que carrega consigo não apenas atos, fatos, versões e opiniões, mas também os valores embutidos na carga moral em que se configuram diariamente.

É necessário reconhecer que o mundo se move infinitamente e que existe uma periodicidade que se reflete em anos, meses, dias, horas, segundos e assim por diante. Há *períodos* e, neles, *acontecimentos* que interessam ao público, à sociedade. Há relevância no que acontece porque os fatos atingem as pessoas. E consideramos as pessoas relevantes. Nesse sentido, a quantidade de acontecimentos, mesmo nos casos em que um é desdobramento imediato do outro, necessita de uma mediação imediata e global. Essa periodização informativa permite a apropriação simultânea e gradativa do mundo em movimento por aqueles que não o vivenciaram, mas o produziram como um todo. Essa apropriação, que precisa ser globalizada e imediatizada, também está relacionada ao compromisso ético do jornalista para permitir às pessoas participar do mundo, escolher e o influenciar também a partir das informações.

Se fosse fácil tratar sobre ética jornalística – e propor soluções –, teriam dado resultado as primeiras preocupações eticodeontológicas dos jornalistas como profissionais, que remontam ao final do século XIX e, de lá para cá, vêm suscitando novos debates, proposições e problemas.

Contudo, a existência de centenas de debates, códigos, palestras, conferências, livros, revistas que tratam sobre liberdade de expressão e de informação, ética profissional não impediu nem impede que continuem a ser ultrapassados todos os limites que, de algum ponto de vista ou juízo de valor, são considerados, precisa ou indeterminadamente, éticos. Se eles tivessem dado o resultado que previa sua expectativa, os continuados problemas éticos não se sucederiam na intensidade atual.

Além da complexidade do tema, na verdade – deixando de lado a deliberada manipulação – os que lidam com a feitura diária da informação acham que têm razão, que possuem justificativas morais que trazem benefício ao bem comum, que estão dando o melhor de si ou, simplesmente, que "o mundo é assim mesmo". Talvez por isso Samuel Wainer (1987, p. 11) tenha afirmado não ter tido escrúpulos para manter o jornal *Última Hora* vivo, ter "vendido sua alma ao diabo", ter-se corrompido "até a medula" e namorado "filhas de comerciantes para fechar negócio", para obter anúncios e diminuir, assim, o grau de dependência do governo.

Pelo raciocínio de Wainer, que só teve coragem de admitir publicamente (mesmo que por memórias), à época, o que é costume com alguns formatos diferentes em vários empresários de comunicação, a ética depende apenas de um fim, *bom*, para justificar os meios, *maus*. Por aí, todos chegariam a uma infinidade de justificativas éticas particularistas que levariam a uma humanidade *barbarizada* – em seu pior sentido – e não *humanizada*. Wainer admitiu isso implicitamente. Outros empresários e jornalistas não, embora tenham agido de maneira similar. De certa forma, esse tem sido o sentido comum, das mais variadas formas e pelos mais diferentes motivos, que permeia a atividade jornalística como lógica que se subsome ao Estado, à empresa privada ou aos critérios pessoais. Por isso, é bastante difícil tratar de um tema tão fascinante quanto complexo. No entanto, é necessário falar sobre ele.

Da Grécia Antiga à contemporaneidade, o homem preocupa-se em elaborar teorias morais que correspondam às sociedades, mas elas têm sido reflexo de movimentos e momentos particulares do comportamento humano.

Particularmente no jornalismo, como mediação do mundo, há necessidade de refletir sobre a feitura diária da informação e sua consecução no gesto técnico competente, no ato político consciente, na proposição que entende a realidade como algo que deve ser percebido em sua abrangência e complexidade, a fim de que as pessoas possam tanto saber quanto se manifestar e optar diante da vida em sua dimensão *pública*. Nesse sentido, para perceber a dimensão ética da atividade jornalística é preciso situá-la em sua importância ontológica e epistemológica para toda a humanidade.

E para responder às complexas perguntas que se colocam contemporânea e cotidianamente para os jornalistas é necessário situá-las na própria ontologia e epistemologia que envolvem o jornalismo, em sua relação moral e ética com a humanidade. As respostas éticas e morais estão intimamente relacionadas, portanto, à concepção *do que* é afinal o jornalismo e *a que* veio ao mundo. Mas, para responder a isso, não podemos apenas nos render às evidências da prática em seus limites atuais, incluindo os morais e éticos. Se há limites na atuação ética do profissional, o que precisa ser removido são os limites e não a ética. Por isso, com uma *teoria do jornalismo*, é necessário reconhecer o campo de uma *teoria ética para o jornalismo*. Esse campo deve caminhar na tentativa de responder a questões complexas e não resolvidas sobre a atividade. Isto é, quando abordamos um tema, temos de problematizá-lo. Quando reconhecemos problemas e os tratamos, supomos a possibilidade de apontar soluções ou caminhos que contribuam para isso. Ou reconhecemos, por outro lado, que eles são insolúveis ou que não somos capazes de tratá-los adequadamente.

A primeira medida é, portanto, indagar. É perguntar quais problemas são detectáveis na profissão, no jornalismo como forma de apropriação da realidade, ou que o envolvam com outras áreas. E é preciso, ao lidar com *ética*, tentar perceber a dimensão moral que abraça a atividade jornalística.

Para isso, a meu ver, são necessários estudos específicos sobre a ética jornalística e a base epistemológica em que se apoia. Isso envolve, na prática, o conjunto de dilemas com os quais os profissionais jornalistas se defrontam todos os dias. Envolve história, valores e *ethos* profissional; envolve os estudos de ética aplicados às profissões; envolve saltar da ética para a deontologia e desta para aquela, num processo permanente e num quadro de referenciais jornalísticos históricos e relacionados com importância social da atividade.

No jornalismo, tais estudos passam por algumas escolhas, temas, dilemas, alguns dos quais lembro aqui: o problema da verdade, da verossimilhança, da precisão, da exatidão e da isenção; separação entre informação e opinião/fato e comentário/fato e análise/apuração e interpretação; linguagem, relato e edição: as abordagens e as escolhas (espaço-tamanho, página-local, palavras e hierarquia de fontes, declarações e interpretações); a problemática do *off* e do sigilo das fontes; a legitimidade de utilização de determinados métodos para a obtenção da informação jornalística – o lícito e o ilícito na alteração da identidade profissional, no uso de câmeras ocultas, na gravação de conversas não autorizadas, entre outros; a relação e os limites entre o direito à informação de interesse público e o direito à intimidade ou à privacidade; a consciência pessoal em confronto com a consciência profissional (cláusula de consciência); a problemática do plágio, incluindo os novos suportes tecnológicos; a manipulação digital na fotografia e na imagem televisiva; o profissional que dá consultoria às fontes e as fontes que "plantam" informação; a sonegação de informação de interesse público; o ritmo da produção informativa e a comprovação da veracidade mediante fontes diversificadas e documentação; os "negócios por fora": a dupla função, a dupla militância profissional, a dupla relação jornalismo versus promoção de vendas; o patrocínio de viagens e coberturas: a "terceirização" do interesse social; casos especiais de cobertura e relato: sequestros, guerras, zonas de risco e outros; a cobertura em setores onde se é assessor de imprensa/comunicação ou empregado/diretor; dilemas éticos na assessoria de imprensa: a fidelidade ao assessorado *versus* a fidelidade ao interesse da sociedade; pagamento às fontes, venda de dossiês e similares; os embargos noticiosos; o conflito redação *versus* comercial; os valores universais *versus* os valores particulares: um só jornalismo ou vários "jornalismos" compatíveis com nações, culturas ou regiões; os índices de audiência, o rendimento da informação e as técnicas de marketing aplicadas ao jornalismo/a utilização de técnicas mercadológicas na cobertura, apuração e edição do material informativo; as megafusões midiáticas e sua repercussão nos princípios deontológicos profissionais e no *ethos* jornalístico.

Várias dessas expressões aparecem em grande parte dos códigos de conduta, honra, ou princípios que, em alguns países, como no Brasil, chamam-se códigos éticos, mas a rigor são deontológicos. No mundo todo, esses códigos chegam a mais de cem, considerando apenas os produzidos pela categoria profissional. Se levarmos em conta que as empresas da área, os veículos que produzem jornalismo e a segmentação decorrente da complexidade atual produzem normas de conduta e do *dever-ser* profissional, são incontáveis os documentos que estabelecem princípios morais para o exercício da atividade jornalística. Isso já é, em si mesmo, um reconhecimento das especificidades de procedimentos dentro do mar de generalidades morais. E elas aparecem ali não por algum sorteio temático, por algum processo de adivinhação ou por alguma determinação divina. Aparecem porque a história do jornalismo vai afirmando certos procedimentos que se tornam patrimônio profissional e social. É o reconhecimento da inserção e da relevância sociais da atividade, pelo menos onde prospera a democracia e onde a atividade adquiriu estatuto profissional.

Como sua base é a moral vivida e os códigos deontológicos, a análise ética necessita de uma teoria que a justifique. No jornalismo não é diferente. As finalidades do jornalismo implicam sua relação com o entorno. Os limites cotidianos, no jornalismo, vivem a tensão entre a possibilidade de realização da ética e as dificuldades teórico-operacionais para a execução dos princípios, o que equivale a dizer que o movimento moral é sempre presente. Mas é nesse momento que a abstração e a generalização precisam de uma ponte com as situações e circunstâncias concretas do trabalho específico do jornalista, que enfrenta dilemas, dúvidas e precisa escolher o caminho mais correto à luz da dimensão pública de sua atividade.

Atualmente, diversos e qualificados autores, em todo o mundo, debruçam-se sobre os dilemas profissionais e os valores morais específicos aplicados ao exercício do jornalismo.

Para Bonete Perales (1995), os três eixos de toda reflexão ética e de todo o conflito moral são as *normas*, os *valores* e as *virtudes*, destacando que isso vale tanto para a vida privada quanto para qualquer profissão pública.

O jornalismo não tem um mandato resultado de urnas eleitorais nem representantes eleitos individualmente para o exercício do ofício. No entanto, consolidou valores reconhecidos, tanto no âmbito profissional quanto no empresarial ou social, como essenciais para a manutenção da atividade em padrões compatíveis com a exigência de liberdades de investigação, de apuração, de escolha de fontes, do uso de determinados critérios de noticiabilidade, de seleção e hierarquização informativos. Ancora-se, historicamente, em valores como *legitimidade* e *credibilidade*, pilares da profissão. Ele executa uma espécie de "interrogatório público" em nome de seus leitores, ouvintes e espectadores, com a finalidade de assegurar a vitalidade da vida democrática (Bernier, 2004). Por isso, o autor canadense destaca a importância que a ética e a deontologia assumem no processo de *legitimação* do jornalismo.

A ética jornalística interroga a própria deontologia profissional e destaca os valores compatíveis e válidos em cada circunstância, tanto para a aplicação deontológica de um princípio escrito quanto para redefini-lo em outra direção ou reconceituá--lo. É interrogação e tal interrogação é aplicada às práticas profissionais e ao conjunto significativamente grande de dilemas, problemas e dúvidas morais que atingem o exercício cotidiano jornalístico diante de fatos, declarações e coberturas concretos. "A ética busca os 'fundamentos normativos da deontologia e funciona como instância crítica' e, portanto, 'interpela a deontologia' e, como não dispõe de respostas imediatas e prontas, necessita esclarecer as suas 'regras e formulações'" (Cornu, 1999, p. 123).

A DÚVIDA ÉTICA E AS INCERTEZAS MORAIS DO JORNALISMO

Há MILHARES DE PERGUNTAS que podem ser feitas e merecem, antes de uma apressada resposta empírica, profunda reflexão teórica – a forma mais lúcida de não reconhecer a prática como a medida de todas as coisas, tal como entende o positivismo. Perguntas, dúvidas, perplexidades ou apressadas certezas é o que não falta quando se envolve o jornalismo na esfera moral em que se movimenta.

Por exemplo, como fazer respeitar a privacidade do cidadão quando ele está no mundo e seus atos, em muitos casos, possuem tal relevância que as demais pessoas precisam ter conhecimento deles? Como respeitar a privacidade da pessoa pública que, na suavidade da noite, vai tecendo uma negociata na qual o Estado perde dinheiro e, por consequência, o cidadão se vê prejudicado em serviços de saúde, educação, transportes? Como defender um jornalista que, em busca de fama, prestígio e poder envolve, na informação, a vida privada de uma personalidade pública para obter dividendos pessoais e alega, para isso, que o fato possui relevância social? Como resolver eticamente o problema de uma pessoa fotografada em sua privacidade quando o jornalista diz que isso é do interesse público? Ou, em outra perspectiva a própria personalidade pública forja esse "aparecimento privado" para suscitar rumores e obter prestígio ou alguma vantagem com a divulgação?

Como revelar a verdade de um acontecimento quando ele próprio possui várias fragmentações e interpretações – tal como a realidade aparente – e as versões são diferentes, complexas e não há espaço para todas elas nem para todas as fontes? Ou como coincidir esse relato ou verdade com os interesses antagônicos dos monopólios ou oligopólios em rádios, televisões e jornais, ou com a lógica particular dos vários interesses comerciais, financeiros e mercadológicos?

Como obter uma boa matéria e escrevê-la com talento e precisão se o jornalista trabalha em três lugares diferentes, ganha mal, vai à rua com três ou quatro pautas e possui tempo delimitado para tudo isso? Como conciliar os métodos do jornalismo investigativo, que desconfia das declarações, com um modelo de jornalismo declaratório, que esconde bastidores?

Como resolver a questão ética entre perder o emprego e submeter-se a cortes de edição sucessivos em matérias que escreve? Como resolver o problema de acesso às fontes ou credibilidade das fontes representativas se estas também podem plantar informações premeditadas para atrair o jornalista a uma armadilha ou, em outros casos, esconder informações vitais para a sociedade com o objetivo de proteger o Estado, o governo, as instituições privadas, públicas ou a si mesmo e barganhar com esse poder?

Como selecionar, no mar diário de acontecimentos, aqueles de relevância social? Como trabalhar com a contextualização do passado no presente se a recorrência se dá em fontes viciadas de pesquisa naquilo que já foi publicado pelo próprio veículo? Ou quando se consultam sempre as mesmas pessoas e instituições? Como, no ritmo avassalador do levantamento diário de informações, conciliar uma profunda reflexão acerca da profissão, da necessidade de teorizar sobre o jornalismo e a preocupação com o sentido moral e ético de sua atividade?

Como resolver a curiosidade social sobre a vida privada das pessoas ou a utilização de dramas e tragédias do cotidiano em relação à ética? Por que as próprias páginas policiais de qualquer jornal são bastante procuradas pelo público?

Como mostrar a moralidade vigente e apontar, ao mesmo tempo, para a consecução de uma nova moralidade? O jornalismo é apenas similar à sociedade, ou é reflexo e projeção moral sobre ela?

Como aderir a um código moral se a moralidade é um movimento contraditório permeado por um conjunto de particularidades éticas ou de éticas particularistas? Como submeter uma atividade diária jornalística a um código normativo se a ética e a moral não são redutíveis à normatização, mas possuem um momento de cristalização na deontologia? Os códigos possuem força moral? Possuem força jurídica? O código é uma convicção interior dos jornalistas? É uma alienação ética diante da profissão, que precisa dizer e mostrar, a cada instante, o que é certo, o que é errado e o que é o jornalismo?

As condenações morais de um código surtem efeito ou a categoria tende a solidarizar-se com o punido? Os códigos servem para que as comissões de ética sindicais resolvam problemas, possibilitem um profundo debate sobre o tema ou arquitetem vinganças pessoais?

Como refletir, no jornalismo, as múltiplas éticas particulares que vigem socialmente? É possível mostrar essa multiplicidade diante das éticas particulares dos empresários, da lógica das empresas, do Estado, do governo, dos jornalistas e das fontes?

Como usar métodos *lícitos* para obter informações se as fontes podem utilizar os *ilícitos* para escondê-las? Como utilizar os *ilícitos* se eles ferem os códigos e, ao mesmo tempo, revelam dados escondidos no jornalismo declaratório? Como lidar com os segredos de Estado se eles dizem respeito ao futuro de cada cidadão? Como conciliar as diferentes concepções sobre jornalismo com as esferas moral e ética? Como lidar com o direito social à informação em contraposição a segredos, incluindo casos de sequestro e guerras? Como afirmar cotidianamente a verdade jornalística se ela possui estatuto diferenciado dependendo do ângulo em que é abordada? Como relacionar a ética jornalística com a crescente capacidade tecnológica de perscrutar a vida das pessoas? Quais os limites éticos da atividade jornalística e sua relação com os tecnológicos, teóricos, técnicos, políticos e ideológicos?

É necessário vincular a atividade jornalística a uma concepção de mundo que envolva luta pela liberdade, felicidade, justiça, diversidade e até competência profissional? O jornalista carrega sempre uma concepção de mundo? Ela tem conexão com a esfera ética? Diz respeito ao conjunto da sociedade, ao particularismo pessoal, ao interesse empresarial, ao empirismo das redações?

A ansiedade do furo tem relação com a esfera moral? Constitui necessidade jornalística? É problema ético usar qualquer método para obter informação? Há um só padrão de cobertura jornalística ou de levantamento de fatos e da forma de contá-los? A padronização é um problema ético?

Que imagem o jornalista tem de si mesmo? Os jornalistas sabem que existem códigos? Sabem que os códigos falam em responsabilidade, liberdade de imprensa, independência, verdade e exatidão, imparcialidade e honestidade no jornalismo? E sabem o que significam os conceitos que trafegam com essas palavras? E eles são iguais para todos? Revelam apreensão parcial da realidade? Possuem valores preliminares para seu entendimento?

O que pensa a sociedade do jornalista? O *ombudsman* é importante para os jornais? Como resolver o problema da arrogância jornalística? O público percebe a dimensão do jornalismo?

Sabe como funciona? Como suscitar o respeito à atividade jornalística? Como engrandecê-la do ponto de vista técnico, teórico, político e, portanto, moral e ético?

A cláusula de consciência resolve o problema da ética jornalística? Resolve individualmente o do profissional? Significa que os fatos e versões devem submeter-se à consciência do jornalista? Sua consciência individual passa a ser a juíza dos fatos?

Enfim, há muitas perguntas a fazer e responder. As respostas exigem profundos debates e reflexões, antes de apressadas conclusões ou autoritárias certezas. Elas também não cabem nas generalizações que comparam a ética jornalística com a ética de qualquer outra atividade, sem levar em conta, profundamente, a relação específica da atividade com a sociedade. Também é necessário reconhecer que os limites da prática cotidiana no jornalismo não podem ser a referência exclusiva para um projeto de mudanças.

Só mesmo a *práxis jornalística*, inserida no contexto geral dos desdobramentos sociais da humanidade, pode fazer com que o jornalismo tenha algum engrandecimento e alguma potencialidade revolucionária diante do "andar natural e espontâneo" do mundo. A teorização sobre a atividade é fundamental. Os desdobramentos éticos e morais disso também. Da mesma forma, a ação política cotidiana do profissional.

A resistência à teorização é resultado de uma tradição que considera a experimentação a única referência da realidade, como se a subjetividade humana não pudesse negar o existente para criá-lo em outras bases ou como se isso fosse inútil. Do mesmo modo, a crítica à existência do jornalismo é, em geral, baseada na forma como o profissional desempenha sua atividade, muitas vezes cristalizada em concepções particulares e nos aspectos que se julgam negativos na profissão.

Em geral, ninguém quer ser exposto publicamente por aspectos que, do ponto de vista da moralidade vigente, são condenáveis. Mesmo que essa moralidade se alicerce, muitas vezes, numa sórdida hipocrisia. É claro, ninguém gosta de ouvir alguma coisa negativa sobre si mesmo. Contudo, o jornalismo não pode lidar apenas com "as coisas belas da vida", mas precisa tratar da crescente complexidade humana e dos conflitos sociais. Precisa tratar, portanto, da irresolução dos problemas que a humanidade se coloca como gênero que reconhece o *tempo* e ousa ao *futuro*.

Por isso, o jornalismo não pode deixar de ser crítico, de traduzir a diversidade de conflitos. Isso só seria possível se escondêssemos a humanidade de si mesma e o cotidiano de todos nós. É o que tentam fazer as ditaduras, o jornalismo liberal submetido à lógica do mercado, as censuras, autocensuras e o caminho moral pelo qual vai adentrando Janet Malcolm em sua condenação genérica do jornalismo. Esse caminho também subsidia teorias sobre o jornalismo que amparam uma ética essencialmente particularista.

Se, de um lado, há nítidas implicações morais e éticas no jornalismo liberal vinculado ao mercado capitalista (no qual a informação, apesar de ter momentos e espaços de profundo interesse público, apresenta dificuldades para superar vários interesses empresariais, mercadológicos e comerciais), de outro, o jornalismo, subsumido à "verdade" do Estado, como propõem alguns teóricos do socialismo real, anula o movimento da realidade e o indivíduo que o integra para torná-lo um apêndice do presente e futuro já delimitados de antemão. Foi assim com o professor e jornalista tcheco Vladimir Hudec (1980, p. 64), para quem "o jornalista compromete-se sempre, no exercício de sua profissão, com a classe a que pertence".

A consequência da afirmação de Hudec coloca, de fato, a pluralidade informativa e a ética jornalística num beco sem saída, ou no beco das saídas particulares, que vão do arbítrio individual ao apoio informativo a massacres humanos. No Brasil, onde prevalece, hegemonicamente, na informação, a lógica do mercado e dos empresários de comunicação, também é preciso que a mediação jornalística saia da pluralidade aparente para a pluralidade real.

As concepções mais sistematizadas sobre o jornalismo têm tratado de sua estrutura técnica e, também, da relação desta com os aspectos políticos e éticos – mesmo que incipientes – que a envolvem. Essas concepções reconhecem no jornalismo alguma potencialidade e alguma importância contemporânea, apesar de seus limites atuais. O surgimento e a implementação de novas tecnologias e novas técnicas, usadas na confecção de informações, não mudam substancialmente o objeto do jornalismo, a realidade em suas múltiplas manifestações e sua relação com conceitos tais como "interesse público", "relevância social", "fato" ou "acontecimento". No entanto, a reconstrução dessa realidade, mediante o emprego de técnicas específicas e linguagem particular, torna o jornalismo não apenas instância de reflexo de fatos percebidos na dimensão particular da lógica do veículo ou do mediador jornalista. Torna o jornalismo, como potencialidade, uma forma de conhecimento social da realidade, a partir da reconstrução cotidiana do mundo.

Parece-nos, portanto, que a necessidade de investigar o jornalismo deve ultrapassar o senso comum em suas observações empíricas. Exige situá-lo para além do pragmatismo norte-americano, da submissão estatal proposta por Hudec que foi bastante empregada em países do chamado socialismo real, ou para além dos limites mercadológicos, financeiros e econômicos da estrutura informativa hegemônica contemporânea.

IMPORTÂNCIA E NECESSIDADE DO JORNALISMO CONTEMPORÂNEO

ALGUNS AUTORES APROFUNDAM E avaliam com maior consistência a relevância da informação e do jornalismo na atualidade. De acordo com Cremilda Medina (1988, p. 133), por exemplo, "sem o acesso ao fato histórico, o homem não passará a protagonista da ação social".

Para isso, é necessário que o indivíduo tenha relação com o todo para construir tanto a humanidade quanto a si mesmo nesse processo. Para isso, precisa conhecer e viver relacionado com a totalidade. É a forma possível de constituir seu presente e seu futuro, realizando, ao mesmo tempo, sua individualidade e o gênero que integra, da maneira menos arbitrária e menos manipuladora possível. Assim, é necessário constituir e fundamentar as bases ontológicas, epistemológicas, morais e éticas para a profissão de jornalista, que tem, em seu trabalho, uma perspectiva revolucionária e humanizadora, conforme já demonstrou Adelmo Genro Filho (1987). Para ele, a forma de conhecimento proporcionada pelo jornalismo é cristalizada no *singular*. Mas isso não implica a eliminação do conhecimento das *particularidades* e a constituição da *universalidade* humana, que estará sempre no horizonte do conteúdo da informação, tendo desdobramentos morais e éticos na atividade jornalística[13].

As observações do autor são essenciais para a compreensão da importância ontológica e epistemológica da atividade jornalística para a humanidade. A revelação da pluralidade e da diversidade implica a revelação da própria negatividade diante do mundo tal como existe para formulá-lo em outras bases. O novo, cuja forma é alçada ao conhecimento social pela via da singularidade, na proposição dele, carrega consigo também, como conteúdo, a particularidade social e a universalidade humana em um processo aberto, crítico, autocrítico e indefinido. O compromisso do jornalista com esse processo envolve tanto o futuro ontológico da humanidade quanto a compreensão epistemológica desse processo, em forma e conteúdo.

É, portanto, legítimo defender que os pressupostos morais e éticos em que se desdobra a atividade profissional não podem estar submetidos à lógica do Estado, do interesse privado ou a critérios pessoais. Daí também que, com a carga enorme de acontecimentos diários relevantes para a humanidade, a multiplicidade de meios de comunicação, sua diversidade de proprietários e de controle, a segmentação do mercado e dos conteúdos e a variedade de abordagens dos fatos (incluindo a linguagem) *constituem* bases reais para a formulação e defesa de uma ética jornalística que exija uma práxis política consciente do profissional e um compromisso com os desdobramentos gerais do cotidiano.

Outro estudioso do jornalismo de grande experiência profissional e profunda reflexão sobre a atividade é Nilson Lage. Ele reconhece a grandeza do jornalismo e o situa contemporaneamente na *sociedade industrial madura* e no *âmbito das empresas organizadas* com extrema competência (Lage, 1979). Também a importância de ter um presente social de referência e partilhá-lo é ressaltada, por exemplo, pelo jornalista e professor espanhol Lorenzo Gomis (1991), ao situar o jornalismo na atualidade.

A concepção sobre o jornalismo e a prática profissional está embutida, mesmo que implicitamente, na formulação de frases, conceitos, opiniões... e *códigos* que indicam como deve agir o jornalista.

SUBJETIVIDADE ÉTICA E CÓDIGOS MORAIS

NO DIA 29 DE OUTUBRO de 1990, o *Jornal da Tarde*, de São Paulo, ostentava, em sua habitual chamada opinativa de capa, "Como os sindicatos tomam dinheiro até de quem não é sócio"[14].

No caso, a chamada se referia à substituição do pagamento do *imposto sindical* por uma taxa de *contribuição*, considerada um "artifício" aprovado em assembleias sindicais (por exemplo, a dos bancários) e imposto a toda uma categoria de trabalhadores. Independentemente da discussão e conclusão sobre o mérito da medida, houve um nítido aproveitamento político e ideológico do JT com o objetivo de criticar a postura sindical com desdobramentos práticos imediatos, que vão do enfraquecimento das entidades à descaracterização da representação de um indivíduo pela mediação de uma instituição, cujas decisões são mediadas por diretorias eleitas e por assembleias em que o voto é legítimo e legal. Mas não se pode dizer que a chamada é mentirosa, que não é exata ou que informa incorretamente do ponto de vista do jornalismo habitual. Pode-se dizer que ela é *parcial*. Dependendo do veículo, dos editores e do editor de capa, poderia ser construída outra chamada: "Como os sindicatos garantem ganhos salariais também aos não filiados" ou "Como os sindicatos dão dinheiro até aos não associados".

Se tomarmos o exemplo do jornal, podemos considerar que as palavras *tomam* e *até* podem ser consideradas legítimas jornalisticamente. E igualmente valorativas, expressando ideologia e juízo de valor, tanto como no exemplo contraposto, as palavras *garantem, também* e *dão*.

Todos sabem – e para isso não é preciso ser editor de capa de um grande jornal – que mesmo os trabalhadores não associados à entidade sindical têm direito de igualdade em ganhos oriundos de dissídio coletivo ou de acordo coletivo de trabalho, uma vez que o exame da legitimidade do direito decorre do conteúdo do trabalho expresso e não da situação sindical ou legal. Isso já é um patrimônio universal nos lugares onde o direito positivo é medianamente desenvolvido. Um jornal que esconde isso oscila entre a má-fé, a incompetência ou o desconhecimento, sendo este último, em muitos casos, uma síntese dos dois anteriores.

Se examinarmos o conteúdo e a forma das chamadas, a rigor nenhuma delas é mentirosa, inverídica. Contudo, as três são parciais e expressam juízos de valor, noções de moralidade e uma visão ideológica de entidade sindical. Isso tem sido recorrente na história do jornalismo e na confecção de matérias e capas.

Os desdobramentos políticos e ideológicos das chamadas na opinião pública são bastante nítidos. Da mesma forma, uma chamada hipotética, "Aumento salarial ao funcionalismo estoura orçamento da União", envolve uma concepção que considera o valor genérico e abstrato *União* acima do cotidiano individual de cada um dos cidadãos que dependem dos salários pagos por ela para garantir um mínimo de continuidade em sua vida. A complexa relação axiológica compreendida entre a União, a sociedade e cada um dos indivíduos que a compõe não fica suficientemente esclarecida. De outro ponto valorativo, poderíamos dizer que a União só deve existir se submissa à mediação que garanta a sobrevivência – digna – de cada cidadão que compõe uma nação. E que, se a União não tolera um aumento de tal magnitude em seu orçamento, não é o aumento que está equivocado, mas a mediação do Estado, que deve intervir socialmente para garantir a vida dos cidadãos, na qual estão incluídas, é claro, noções como *necessidade* e *liberdade*. As chamadas não vão, enfim, à raiz dos fatos. Mas, como em todas as chamadas e matérias há juízos de valor, há valores reconhecidos e expressos, mesmo que implicitamente. Até mesmo quando se anuncia uma greve, esta só terá sentido se causar uma quebra no ritmo de algo importante na vida das pessoas. Todo anúncio de greve contém juízos de valor e noções morais e éticas de comportamento social, seja dizendo que "greves trazem prejuízos" ou que "professores fazem greve para sobreviver".

De um lado, se as greves significassem uma continuidade ao momento anterior – o do trabalho –, seria porque o trabalho não tem nenhum significado. Ou seja, quando se diz que as greves causam problemas ou envolvem prejuízos, implicitamente se diz, igualmente, que o trabalhador que faz greve é socialmente importante, deve receber de acordo com seu papel social e precisa receber para sobreviver. Enfim, há um *valor* que reconhece importância no trabalho e na vida, tanto dos prejudicados em seu atendimento (um hospital ou um banco, por exemplo) quanto na categoria que deflagrou a greve (o trabalho de um profissional acaba, enfim, de ser reconhecido *positivamente*, mesmo que por meio da crítica).

De outro, uma chamada *a favor* dos grevistas também reconhece que, no exemplo citado, vida é um valor considerado socialmente pelo veículo, tanto quanto a dimensão *vida* em sua esfera pública e privada, isto é, na participação das coisas de seu mundo e de seu tempo, incluindo morar *bem*, comer *bem*, ter acesso a transporte, a lazer, relacionar-se com os outros, ter tranquilidade no dia a dia, enfim, possibilidade de viver bem as coisas contemporâneas e *boas*.

Esses exemplos meramente ilustrativos são referências para a necessidade de observarmos que não é possível trafegar no mundo, no cotidiano e na atividade jornalística de reconstrução diária simbólica da realidade sem que escolhamos, preliminarmente, valores. Estes podem ser expressos pela adesão espontânea à reprodução da educação, ao conhecimento acumulado a partir das particularidades pessoais, grupais e sociais ou pela experiência histórica da humanidade revelada na complexa rede das relações e realizações humanas contemporâneas.

Não é possível examinar o jornalismo com sua cobertura de acontecimentos sem que tenhamos, mesmo que genericamente, uma concepção de mundo, ainda que contraditória e fragmentada, tal como vai se apresentando, aparentemente, a realidade social.

Em quaisquer temas que escolhermos para exame, teremos de partir de alguma concepção. Afinal, à neutralidade do arbítrio só corresponde o arbítrio da neutralidade, que significa a inconsciência de adesão a valores do senso comum ou de alguma corrente teórica sem que, muitas vezes, o reconheçamos. Aqueles que dizem examinar com o rigor da neutralidade reproduzem, em geral, um vasto arsenal de morais e éticas particulares expressas em correspondentes concepções particulares sobre o mundo, sobre a realidade e sobre o jornalismo. E, muitas vezes, em casos que se aproximam da tragédia intelectual, não percebem a dimensão daquilo que escrevem e dizem. Há, em outros casos, uma clara e deliberada má-fé em suas posições.

O problema em lidar com princípios morais no jornalismo é que eles expressam, em sua generalidade e ambição de universalidade, na maioria das vezes, concepções políticas particulares, que geram ações jornalísticas e coberturas bastante parciais.

Mesmo que seus produtores achem, em geral, que a verdade, a imparcialidade, a honestidade, a responsabilidade, o compromisso social, a exatidão, a relevância pública ou interesse público estão, enfim, ali revelados, naquela página de jornal ou revista, naquele espaço de rádio ou televisão. Por exemplo, quando a Rede Globo fala no "interesse e segurança da nação" ou quando a RBS (Rede Brasil Sul) discorre sobre "os interesses da comunidade que defende", consideram que os difusos sentimentos e interesses das diferentes camadas sociais e indivíduos e suas concepções e ações no interior do país ou de uma região se resumem àquilo que elas presumem que deva ser o presente e o futuro da nação. Em nome disso (embora os manuais e códigos estejam recheados de expressões como *independência, imparcialidade* e *isenção*), fontes são excluídas, declarações são amenizadas ou maximizadas, justifica-se a violência institucional, condenam-se greves. Enfim, o bem social pode muito ser "ajustado" ao *ideário* de uma empresa e de seus donos, como se ele expressasse, em sua particularidade política, ideológica, moral e ética, a universalidade mediada de todos os interesses sociais. E como se estes fossem únicos, uniformes, homogêneos. De certa forma, os *meios de comunicação de massa* podem, em muitos casos e circunstâncias, professar uma nova teologia.

Escrever o que uma categoria profissional deve fazer *profissionalmente* é mais ou menos como reconhecer que a consciência não adere, espontaneamente, aos pressupostos ontológicos, epistemológicos e morais de uma atividade. Afinal, uma norma escrita de como agir – que podemos chamar de *código deontológico* – é apenas uma referência que não esgota a constante criação de uma prática profissional, com os novos problemas e posturas que sugere. É mais um eixo que norteia a ação profissional, tanto para cumprir quanto para negar um princípio.

É interessante que nos remetamos a uma síntese dos aspectos históricos da discussão e surgimento de códigos profissionais no jornalismo e do que, afinal, eles tratam.

HISTÓRIA E LIMITES DOS CÓDIGOS DEONTOLÓGICOS

DESDE QUE ZELEUCO DE LOCROS, seis séculos antes de Cristo, tentou disciplinar a liberdade de expressão, a normatização de comportamentos com relação ao uso da palavra vem sendo tratada nos vários períodos da trajetória humana até chegarmos à contemporaneidade. O livre uso da expressão oral e escrita acabou se defrontando com o que, histórica, geográfica e culturalmente – de acordo com o Estado, a Igreja, os grupos sociais –, também é considerado, popularmente, *abuso*. Enfim, não é possível falar qualquer coisa sobre tudo ou todos sem que se assuma o compromisso pelas consequências dessa "liberdade". É o reconhecimento de que há *outros* que também devem expressar-se ou dar sua versão, que nem tudo pertence à esfera pública, que há coisas de foro íntimo. Para isso, contudo, é necessário reconhecer que há uma dimensão *pública* e *privada* da sociedade e que o conceito de liberdade está relacionado com o conceito de liberdade também do outro. Quanto à comunicação, as diversas culturas, em diferentes épocas, engendraram prescrições normativas que direcionaram o comportamento.

De acordo com Robert White (1988), a introdução da imprensa nos séculos XV e XVI na Europa Ocidental e a *filosofia social da comunicação pública* desenvolvida pela emergente classe média, tanto na Europa quanto nos Estados Unidos, por volta do século XVIII, quando a aristocracia foi combatida, criaram um *status* social vinculado à ideologia do desenvolvimento científico e técnico. Isso gerou uma *cultura do profissionalismo*, traduzindo a *filosofia social liberal* em um *ethos profissional*. Já no final do século XIX e início do XX, esse *ethos* se estendeu às profissões liberais, como a medicina e o direito, até chegar ao que chama de *ocupações*, nas quais está a *imprensa*[15].

A preocupação com a questão ética no jornalismo surge com as crescentes complexidade social e mediação da realidade exercida pelos meios de comunicação. O jornalismo, ao reconstruir o mundo, ao mostrá-lo em sua diversidade de fatos e pluralidade de versões, trouxe algo inerente consigo: a *necessidade* de distinguir os acontecimentos de relevância pública e a *responsabilidade* de publicá-los, prevendo consequências e atendendo a princípios de pluralidade social. A preocupação com a questão ética surge ao mesmo tempo que se tenta garantir e ampliar o direito social à informação. Por isso, os princípios deontológicos, isto é, aquelas normas que *devem ser* seguidas, sempre tentaram vincular a mediação jornalística à responsabilidade social exigida pela profissão.

Em maio de 1893, em Chicago (EUA), houve um congresso de imprensa em que jornalistas de diversas partes do mundo discutiram temas como a *imprensa* e a *moral pública* e a *imprensa como defensora dos direitos humanos*[16]. De lá para cá, centenas de reuniões, conferências, encontros e resoluções com caráter internacional foram realizados para deliberar e aprofundar discussões sobre o papel da informação jornalística, da liberdade de imprensa e da ética profissional. Foi em 1900, na Suécia, que apareceram as primeiras discussões sobre o estabelecimento de um código formal para os jornalistas. Antes, em 1896, os jornalistas austríacos estabeleceram uma espécie de compromisso moral com sua atividade[17]. Contudo, segundo alguns autores, o primeiro código foi criado na França em 1918, precisamente o Código de Ética do Sindicato dos Jornalistas Franceses, reformulado 20 anos depois. Outro autor lembra que historiadores da ética da comunicação indicam que, formalmente, o primeiro código de ética jornalística foi criado no estado de Kansas (EUA) em 1910. É o caso de White, para quem a *cultura do profissionalismo* gerou também a adoção de códigos profissionais que esclarecem e regulam o que já estava implícito muito tempo antes[18].

Hoje existem mais de cem países nos quais os jornalistas possuem o seu código de ética, deontológico, de conduta ou honra. Isso sem contar, como referimos, a normatização de procedimentos com relação ao *jornalismo* estabelecida no âmbito das

Constituições, das empresas e de organizações supranacionais e internacionais, como a ONU, a Unesco e o Parlamento Europeu. No âmbito internacional, a preocupação cresce junto com a globalização da informação[19]. Em 1950, a Organização das Nações Unidas constitui uma subcomissão especial, com o objetivo de tratar e propor normas sobre a liberdade de informação e de imprensa. A ideia original era instituir normas válidas para todas as organizações e profissionais que trabalhassem com a informação, fossem empresariais ou representativas de categorias profissionais. A subcomissão trabalhou no tema de 1950 a 1952. Ainda em 1952, o Conselho Econômico e Social da ONU acatou o anteprojeto de Código Internacional sobre Ética para Profissionais da Informação e sugeriu, ao mesmo tempo, que as Nações Unidas organizassem e patrocinassem uma conferência internacional, com o objetivo de reunir os envolvidos no setor para completar os trabalhos da subcomissão, definindo um documento com validade universal a ser respeitado na prática. Ocorreu que a assembleia geral da ONU, em 1954, não tomou nenhuma providência nesse sentido e decidiu enviar o anteprojeto para as empresas e organizações profissionais com a finalidade de que estas se informassem sobre ele e atuassem da forma como achassem melhor ou mais conveniente[20].

As preocupações em constituir um código de validade universal continuaram expressando-se em assembleias gerais da ONU, nas conferências da Unesco, nos encontros internacionais de jornalistas profissionais. São centenas de debates, talvez milhares, se considerarmos os debates por categoria, nacionais, regionais, continentais e mundiais. Muitas vezes, as normas são reguladas como códigos profissionais, deontológicos. Outras vezes, como princípios aos quais as empresas e as organizações profissionais do setor da comunicação se propõem a obedecer. Em outras ocasiões, são os governos, por meio de seus congressos ou Executivo, que definem constitucionalmente os princípios que norteiam a ação informativa. Ao mesmo tempo, organizações supranacionais, como a ONU e a

Unesco, trabalham na tentativa de formular princípios que possam ser cumpridos com relação à *comunicação*. Em 1993, o próprio Parlamento Europeu estabeleceu, por meio da assembleia parlamentar, o Código Europeu de Deontologia do Jornalismo, visando estabelecer princípios para a atividade, dados sua relevância e seus impactos, especialmente no chamado Velho Continente.

Um dos problemas básicos, além de formalizar um acordo que envolva tanto empresários quanto jornalistas, organizações governamentais e organizações supranacionais, é exatamente a diversidade de participantes e os interesses ideológicos e políticos que expressam (mesmo que na maioria dos casos de forma implícita) a visão particular sobre a *comunicação* e o *jornalismo*. E, também, as várias maneiras de romper os princípios com base na subjetividade de interpretação do que significam e na forma técnica efetiva em que é possível manipulá-los.

Somente em 1983 foi estabelecido um código com pretensão de validade mundial. Ele reflete, de certa forma, o conjunto de preocupações das organizações de jornalistas de todo o mundo, vinculadas aos profissionais de setor. Em 1983, depois de cinco anos de discussão sob os auspícios da Unesco, foram, então, formalizados os Princípios internacionais da ética profissional dos jornalistas. Depois da tentativa de implantar o Código da ONU, cujas discussões foram iniciadas em 1948 (Conferência da ONU sobre a Liberdade de Informação) – que tiveram momento efetivo de realização entre 1950 e 1952 (subcomissão da ONU) e se esvaziaram com a assembleia geral em 1954 –, era a primeira vez, de forma unilateral, com somente representantes de jornalistas profissionais, em que havia um documento subscrito e oficializado sobre ética jornalística internacional. O outro documento supranacional foi a "Declaração da Unesco sobre os meios de comunicação", de 1978, que reúne princípios internacionais para o setor dos meios de comunicação, deixando subjacentes comportamentos morais, éticos e deontológicos sobre a atividade jornalística. Entre seus 11 artigos, alguns com vários itens, estão:

Artigo 2º
[...]
2. O acesso do público à informação deve garantir-se mediante a diversidade das fontes e dos meios de informação de que disponha, permitindo, assim, a cada pessoa verificar a exatidão dos fatos e fundamentar objetivamente sua opinião sobre os acontecimentos. Para este fim, os jornalistas devem ter a liberdade de informar e as maiores facilidades possíveis de acesso à informação. Igualmente os meios de comunicação devem responder às preocupações dos povos e dos indivíduos, favorecendo assim a participação do público na elaboração da informação.
[...]
4. Para que os meios de comunicação possam fomentar em suas atividades os princípios da presente declaração, é indispensável que os jornalistas e outros agentes dos órgãos de comunicação, em seu próprio país e no estrangeiro, desfrutem de um estatuto que lhes garanta as melhores condições para exercer sua profissão.
[...]

Artigo 5º
Para que se respeite a liberdade de opinião, de expressão e de informação e para que a informação reflita todos os pontos de vista apresentados por aqueles que considerem que a informação publicada ou difundida sobre eles tenha prejudicado gravemente a ação que realizam com vistas a fortalecer a paz e a compreensão internacional, a promoção dos direitos humanos, a luta contra o racismo, o *apartheid* e a incitação à guerra.

Esses três tópicos são suficientes para detectarmos as dificuldades de consecução de seu conteúdo, em seus desdobramentos nos interesses políticos, ideológicos e técnicos. Uma declaração de princípios, em sua efetivação, necessita de um consenso entre as partes envolvidas com o fenômeno e a possibilidade real de execução de seu conteúdo. De um lado, a declaração é um princípio que define uma norma moral e não jurídica. Não há força de coerção legal, apenas moral. Por outro lado, a aplicação jurídica, se for o caso, também esbarra, seguidamente, na interpretação e aplicação da lei, dependendo dos conceitos que tal declaração ou princípio estipule apropriados. A formalização de princípios morais e éticos se dá, em geral, fora da norma jurídica. Mas eles estão implícitos, de certa forma, mesmo que ambíguos, nas Constituições e nas legislações específicas sobre o setor.

Mesmo assim, a diluição dos valores genéricos permite interpretações particularizadas que justificam quaisquer comportamentos na informação jornalística. Tanto a norma jurídica como a moral, desconectadas da participação plural da sociedade em torno da ação individual e política concreta e cotidiana, tornam-se uma referência formal fora da vida do indivíduo, que inconscientemente se submete ou adere a ela como um vagão preso a uma locomotiva e seu maquinista.

Da mesma forma, os Princípios internacionais da ética profissional dos jornalistas permitem várias abordagens e interpretações, embora tanto eles quanto a declaração da Unesco sejam referências importantes para a discussão e consecução filosófica, política e técnica da atividade comunicativa e jornalística:

Princípio I: *O direito dos povos a uma informação verídica*
Os povos e os indivíduos têm o direito de receber uma imagem objetiva da realidade, por meio de uma informação precisa e global, como também o direito de expressar-se livremente nos diversos meios de difusão cultural e de comunicação.
[...]

Princípio III: *A responsabilidade social do jornalista*
No jornalismo a informação é compreendida como bem social e não como mercadoria, o que implica que o jornalista compartilhe a responsabilidade pela informação divulgada e, portanto, é responsável não só diante dos que controlam os meios de informação, mas também diante do público em geral e seus diversos interesses sociais. A responsabilidade social do jornalista exige que atue, sob qualquer circunstância, em conformidade com a sua consciência pessoal. [...]

Princípio VI: *O direito à vida privada e à dignidade humana*
Parte integrante das normas profissionais do jornalista é o respeito do direito do indivíduo à vida privada e à dignidade humana, de acordo com os estipulantes do direito internacional e nacional, relativos à proteção dos direitos e da reputação das pessoas, proibindo-se o libelo, a calúnia, a maledicência e a difamação.

Princípio VII: *O respeito ao interesse público*
A ética profissional do jornalismo prescreve o respeito da comunidade nacional, das suas instituições democráticas e do moral público.

Princípio VIII: *O respeito aos valores universais e à diversidade de culturas*
O jornalista íntegro é partidário dos valores universais do humanismo, sobretudo da paz, democracia, direitos humanos, progresso social e a libertação nacional, respeitando, ao mesmo tempo, o caráter original, o valor e a dignidade de cada cultura, como também o direito de cada povo a escolher e a desenvolver livremente seus sistemas políticos, sociais, econômicos e culturais. [...]

Ora, como ser "partidário dos valores universais do humanismo", portanto contra a tortura, por exemplo, e "ao mesmo tempo" respeitar "o caráter original, o valor e a dignidade de cada cultura" se esta ainda aplica o chicoteamento, o flagelo, a amputação das mãos e por aí afora? Como conciliar o combate à *maledicência* e à *difamação* com a liberdade pública de crítica e a necessidade de revelação de temas de interesse social, cujos protagonistas consideram da esfera "privada"? Como atuar sempre de acordo com a "consciência pessoal"? Desse princípio extrai-se que se um repórter se aproximar ideologicamente da pena de morte deve dar mais espaço e ouvir fontes que disseminem essa posição porque a considera a que mais atende à "justiça social" ou ao "bem-estar da sociedade", deixando de ouvir, legitimamente, fontes com posições contrárias? Ou pode significar que ele não precisa colocar no texto uma declaração que defenda uma greve, por considerá-la um "prejuízo" à sociedade, este ente genérico e "uniforme"?

Enfim, os códigos trazem princípios que, sem uma vinculação com o concreto e o cotidiano, esvaem-se no mar de subjetividades, onde aquele que tiver mais força certamente puxará para seu lado os desdobramentos implícitos no conteúdo dos artigos, parágrafos, incisos.

De um lado, parece necessário caminhar com a intenção de garantir juridicamente alguns aspectos morais. De outro, talvez o mais importante seja ampliar o grau de entendimento da atividade jornalística no interior da sociedade, qualificando profissionais e público para a percepção do mundo em que se move a informação, em seus aspectos ideológicos, políticos e técnicos. Ao mesmo tempo, a constituição de uma teoria do jornalismo que ampare a especificidade de uma ética própria torna-se necessária para qualificar e ampliar a própria luta política cotidiana para democratizar os meios de comunicação.

Os códigos, princípios e declarações possuem convergências e contradições éticas que tentam aproximar-se de uma concepção sobre a humanidade e a história em movimento. No entanto, não há como escapar da interpretação que guarda conteúdo subjetivista e das contradições reais entre os princípios, a legislação vigente e a legitimidade do cotidiano, que envolve a ruptura social.

ÉTICA, MOVIMENTO DOS SUJEITOS E DEMOCRACIA DOS MEIOS

DA PERSPECTIVA DA NORMATIVIDADE, códigos, princípios e declarações têm muitos pontos em comum. Os problemas com os quais se defrontam os jornalistas são semelhantes: a realidade com sua carga de conflitos não resolvidos e com suas grandezas, em processo permanente de autoconstrução. Há também o reconhecimento da necessidade de uma mediação a fim de possibilitar que os fatos e versões tenham consecução técnica e política na informação.

Na medida, contudo, em que os princípios se formalizam e se afastam do cotidiano de debate sobre a natureza da atividade profissional, sobre o papel da informação, sobre a democracia nos meios e sobre a estrutura de propriedade e controle jornalísticos, as normas se tornam referências cada vez mais distantes da convicção interior de quem faz a mediação dos fatos e os leva a quem não os vivencia imediatamente.

Hoje, arriscaríamos dizer que os códigos quase são meras referências formais afastadas da convicção interior dos jornalistas ou efetivamente limitadas pelos vários interesses expressos pelos proprietários dos meios, apesar da relativa boa vontade dos profissionais e de suas preocupações éticas. Contudo, a consciência da dimensão ética da atividade jornalística pode redefinir tanto a própria atuação pessoal e técnica cotidiana do profissional quanto sua participação política com as coisas de sua profissão e de seu mundo.

Nesse sentido, o encontro do jornalismo com um projeto consciente, democrático e competente tem, como premissa, a desalienação da ética. Significa a aproximação entre a intenção expressa pela normatividade dos códigos e a conduta diária do profissional. A ética, como teoria que reflete sobre a moral, é também um momento constitutivo de uma nova possibilidade na afirmação de valores. Isso necessita de uma práxis jornalística que envolva o fazer e o refletir cotidianos sobre os limites de atuação profissional e suas possibilidades de superação nos impasses técnicos, políticos e morais.

Como sustenta Ágnes Heller (1982, p. 149): "O sistema fixo da ética normativa, que sempre restringiu o espaço de movimento dos indivíduos, é efetivamente uma alienação da ética".

E onde pode ser detectada alguma crise ética no jornalismo? De certa forma, ela está refletida nos comportamentos particulares da moral, está nos monopólios e oligopólios expressos pela propriedade dos meios. Está, ao mesmo tempo, no desleixo, preguiça e incompetência na apuração precisa dos fatos e em sua formulação no texto. Encontra-se no esmiuçamento da vida privada sob o pretexto de combate político ou interesse público (nesse caso, nada mais faz do que reforçar preconceitos e o conservadorismo moral vigentes e afirmar, para o futuro, um projeto moralmente conservador e politicamente autoritário, com sinal contrário). O problema ético está no simples fascínio pelo poder, fama e prestígio, sem levar em conta a responsabilidade que deve integrar a atividade. Está no impedimento do direito de resposta quando há evidentes equívocos ou má-fé na informação. Está na ausência da pluralidade das fontes, que reflita diversidade de acontecimentos e interpretações. Está nas fontes que plantam informações falsas com a finalidade de obter vantagens políticas e pessoais. Está nos baixos salários que submetem os jornalistas a uma vida na qual é cada vez mais difícil o trabalho consciente e competente. Está na quantidade de pautas a serem transformadas em matérias, diariamente, o que compromete a qualidade informativa. Está na sonegação de informações de interesse geral por organismos públicos ou privados, ao tornarem exclusivo para si o que deve estar à disposição de todos. Está, mesmo, na *ausência* de informações.

Nesse sentido, é necessário um profundo debate teórico, político e ético sobre a natureza da atividade jornalística e sua importância contemporânea. Um debate que não pode ficar restrito à categoria, mas do qual devem participar setores representativos da sociedade civil, instituições públicas e privadas, proprietários dos meios e instituições do Estado. Um debate que aponte para a possibilidade de constituir, concretamente, o campo de atuação ontológica, epistemológica, moral, ética e política da atividade jornalística, que vai da concepção sobre ela até a produção, execução e criação de instâncias que favoreçam a crítica midiática, tal como apontam os crescentes observatórios do setor. Esse debate deve ter, também, repercussão e cobertura na mídia. A facilidade proporcionada pelas novas tecnologias, pela rede mundial de computadores e pela participação mais ativa do público sinaliza um novo cenário potencial, com mais participantes e mais debate, embora o usufruto dele e sua eficácia dependam ainda de políticas de Estado e da inclusão digital mais acentuada... e de forma lúcida.

É necessário constituir uma ética na qual a adesão se dê por convencimento e não por decreto, e na qual os princípios não se reduzam a referências ineficazes do ponto de vista jurídico e inúteis do ângulo da consciência moral, mais embriagada pelo fascínio imediato da profissão ou submetida ao ritmo da produção industrial.

A preocupação com a validade moral dos códigos, sua capacidade de intervenção jurídica ou a desalienação da conduta profissional diante dos princípios vêm preocupando, há bastante tempo, estudiosos, sejam eles filósofos que tratem dos aspectos gerais que envolvem a humanidade, sejam especialistas empenhados na resolução dos problemas morais de uma atividade profissional, como a dos jornalistas. O professor Pedro Gilberto Gomes (1989), por exemplo, desconfia da eficácia do aumento do *aparato jurídico*, argumentando, com razão, que se deve trabalhar a consciência moral e ética profissional para que os princípios universais sejam "autoescolhidos".

Ele desenvolveu em seu livro aspectos complexos da coerção ética para os indivíduos. Embora Gomes fale no "aparato jurídico", na verdade os códigos se situam fora dele e as possíveis condenações éticas se dão mais no terreno moral e não possuem força jurídica, o que é um renovado problema. Em primeiro lugar, a esfera jurídica é inútil para julgar alguns aspectos que dependem de um conjunto de subjetividades que transitam na consciência, difíceis de um enquadramento legal que não seja um simples arbítrio. Em segundo, a esfera jurídica não pode apanhar a totalidade da complexidade moral em movimento que, de certa forma, está sempre adiante dos limites da legalidade. Mesmo assim, se o aparato jurídico der, por meio de uma legislação específica para os meios de comunicação, garantias formais de retificação ou resposta ao público, isso significará um avanço jurídico que contribuirá para a realização ética da informação jornalística. Esse é apenas um exemplo mais nítido.

Lembramos, ainda, André Gorz (1989, p. 169), para quem a humanidade só tomará posse de si mesma se perseguir "livremente seus próprios fins, já que a liberdade só poderá ser resultado da liberdade e não se pode fazer a economia da exigência moral".

A complexidade das proposições de Gorz oscila entre a aventura do arbítrio e a necessidade radical da moralidade humana perseguindo um futuro que não está dado por antecipação, mas no qual é necessário afirmar uma universalidade ética para a humanidade. Por sua vez, o ex-secretário do Partido Comunista Francês e ex-marxista Roger Garaudy (1982, p. 9) afirmou, ainda na década de 1960, num dos mais complexos e profundos debates sobre moral e ética já realizados, que "... se reduzirmos a moral a um sistema de regras sociais cairemos, inevitavelmente, no dogmatismo e se damos ênfase ao fundamento consciente, à responsabilidade pessoal, cairemos, inevitavelmente, no formalismo e, por fim, na moral de intenção".

As normas exigem, sempre, uma reflexão ética que discuta o próprio mundo moral. Em quaisquer sociedades – tribal, feudal, capitalista ou socialista –, a reflexão ética sobre o mundo moral é requisito para que possamos optar na direção da liberdade. Isso significa não delimitar um sistema fechado a nos constranger como ontocriação humana, ou seja, não constranger um gênero que possui finitude física, mas não possui finitude como ser ontológico e epistemológico que cria o mundo para si mesmo. Isto é, um gênero que dá significado ao mundo e busca preencher conceitos, os quais ele mesmo criou e cuja consecução depende das concepções globais provisórias que se tem transpostas para o cotidiano. Daí a necessidade de uma intervenção moral, política e profissional nessa direção, contraposta à que indica apenas a repetição exclusiva do dia anterior de cada indivíduo.

O socialismo real, por exemplo, não poderia mesmo ter dado certo, já que previa um futuro apriorístico para a humanidade. Tratava-se, para *chegar lá*, de uma *questão de tempo*, uma *questão de verdade*, uma sociedade à qual era apenas necessário aplicar princípios e leis científicos do desenvolvimento da história e da natureza, quando o homem é negação moral, ética, ontológica e epistemológica de sua origem física e genética, bem como criação e afirmação artificial de si mesmo, em sua concretude política, ideológica e cultural. O mundo moral do socialismo real já estava dado ao futuro e, assim, restringia a ontologia do futuro à epistemologia do presente, tanto quanto o capitalismo. Assim, ficou fácil eliminar física e moralmente os indivíduos "desviantes". Mas também não foi muito difícil o próprio sistema ruir, na medida em que são sujeitos que o sustentam com sua negatividade sempre presente para construir outra positividade, que não a do momento anterior.

A permanência do capitalismo, por outro lado, não deixa muitas esperanças no campo moral, no qual os interesses particulares travestem-se de interesses gerais da sociedade e da humanidade. Resta saber se, ao ritmo em que vamos, vai sobrar algo que se possa chamar humanidade e mesmo se será possível formular tal pergunta.

Sobre a particularidade moral/ética e sua aplicação política, a história humana é exemplar em tragédias como a da Inquisição, que matou milhares de pessoas. Muitas mulheres foram queimadas vivas porque não correspondiam exatamente ao que os interesses particulares da Igreja, Estado e da sociedade definiam como "bem social"[21]. E foi em nome de tais interesses, adornados pela universalidade ética e política, que os Estados Unidos patrocinaram a morte de Patrice Lumumba no início da década de 1960 no Congo Belga e de Maurice Bishop em Granada (1983), a invasão do Panamá (1989) ou a invasão e massacre de civis no Iraque (1991 e 2002). Foi com base na generalidade "interesse de todos" ou "liberdade da América e do mundo" que Dan Mitrione foi enviado à América Latina para ensinar técnicas especializadas de tortura, com o objetivo de obter alta eficácia na intervenção física e moral com os presos, mais tarde torturados e, depois, assassinados políticos brasileiros, uruguaios, argentinos e chilenos.

Da mesma forma, é em nome desses interesses gerais da sociedade, difusos, contraditórios e genéricos, que muitos parlamentares e pessoas defendem a *pena de morte* no Brasil, como se ela resolvesse a causa de problemas sociais e como se já não houvesse uma condenação informal à morte no país, expressa pelo extermínio de menores, pela desnutrição e pela miséria social. Por outro lado, é irônico falar em nome de muitos, quando estes, quantitativamente, já estão aderindo ao outro lado da sociedade, no Brasil, por absoluta impossibilidade de aderir à institucionalidade legal.

O jornalismo lida diariamente com essa carga enorme de conflitos sociais e igualmente com a carga moral que os integra. Além disso, possui certa reflexão preliminar (mesmo que reprodução dos padrões comuns da sociedade) sobre o mundo e sobre os fatos que acompanha. Esses fatos também o atingem.

O engrandecimento do jornalismo passa pelo reconhecimento de que, diariamente, o profissional lida com esferas diversas da moralidade social, que correspondem a concepções filosóficas e políticas do mundo e se refletem em culturas, comportamentos, opiniões, fatos e versões. É esse compromisso, que vai além de seu senso habitual sobre o mundo, que ele precisa resgatar para defender sua atividade como uma forma social de conhecimento e de autoprodução cotidiana do indivíduo, pela qual as pessoas tomam contato com o mundo em movimento e, ao mesmo tempo, constituem parte de seu presente e de seu futuro. Essa reconstrução diária do mundo, que envolve uma concepção preliminar de valores, também inclui a feitura diária da informação e a preocupação com a relevância dos fatos e seus protagonistas de acordo com uma universalidade constituinte que fuja aos interesses meramente particulares, mas nos quais eles estejam refletidos.

A importância da reflexão ética sobre o jornalismo vai além do mundo moral vigente e da cristalização normativa da ética em códigos deontológicos. Esta é válida e, simultaneamente, insuficiente. É apenas um momento cristalizado de um movimento humano em que ele vai questionando-se a si mesmo e às premissas ou conteúdos contidos na normatização moral ou norma jurídica do direito positivo. Nesse sentido, é necessária uma sistematizada reflexão sobre a ética jornalística. Os códigos são referências parciais para o profissional e, ao mesmo tempo, precisam ser introjetados nos indivíduos para que a própria categoria saiba o que eles dizem e qual sua dimensão filosófica, quais postulados constituem as normas deontológicas. Contudo, é necessário que, simultaneamente, eles sejam questionados como simples normatização.

Para discutir alguns aspectos contidos nos códigos, é necessário trabalhar com conceitos-chave que expressam conteúdos morais e éticos normatizados. Nesse sentido, muitos autores, em várias partes do mundo, já se debruçaram sobre os códigos deontológicos e princípios sobre a atividade jornalística e os analisaram, na maioria dos casos de forma descritiva ou comparativa[22].

A COMPARAÇÃO ENTRE OS CÓDIGOS E AS REFERÊNCIAS NORMATIVAS DA MORAL

A AMPLITUDE DOS TEMAS abrangidos pelos códigos, junto com a complexidade ideológica, cultural e política de alguns conceitos, já é um aspecto suficiente para debates polêmicos e intermináveis. Se aliarmos a isso o fato de que a maioria das normas de conduta ou dos princípios foi estabelecida unilateralmente, há um dado adicional de complexidade. Muitas vezes, são jornalistas dizendo a jornalistas como se comportar, sem o mesmo compromisso moral e pouca ou nenhuma coerção jurídica de cumprimento dos princípios pelas empresas privadas, pelo Estado ou pelo público. Esse problema vem sendo apontado pela categoria profissional dos jornalistas em seus encontros, de tal forma que se tenta, seguidamente, transformar a norma ética em norma jurídica por meio de dispositivos como as legislações constitucionais ou uma Lei de Imprensa derivada dela. Estudiosos, jornalistas e professores têm-se preocupado com o assunto. Perseu Abramo (1989, p. 8), por exemplo, ressalva que não existe uma ética do jornalismo "explícita ou consolidada e universalmente reconhecida". Ele também duvida da eficácia de normas sugeridas de "jornalistas para jornalistas", já que o processo de produção informativa não é totalmente controlado pelos profissionais. Desconfia, no entanto, que muitos jornalistas estão introjetando a ética das empresas, o que é um renovado problema.

Os traços em comum entre os códigos, com suas inevitáveis variações, estão, por exemplo, no levantamento efetuado pelo professor Cees Hamelink. Depois de considerar que a maioria dos países formula o princípio da "liberdade de informação" (emiti-la, recolhê-la e reparti-la), o especialista holandês destaca que, sinteticamente, a maioria dos códigos de jornalistas enfatiza que o trabalho do profissional deve servir ao "interesse público". O trabalho de Hamelink (1979) revela que 40% dos códigos incluem a necessidade de *resguardar o segredo profissional* (sigilo das fontes), o *respeito à privacidade do cidadão*, a *exatidão e veracidade na informação*, a *retificação do erro informativo pelo jornalista* e a *objetividade no relato*. A esse percentual, seguem-se, com 25%, *integridade* (não aceitar vantagens pessoais), *justiça* (métodos justos e legais na obtenção da informação) e *imparcialidade* (a informação em seus vários ângulos). Com 10%, aparecem o *acesso à informação* (os profissionais devem ter livre acesso) e o *direito de resposta* pelo público.

Por seu turno, o especialista espanhol Porfirio Barroso Asenjo fez minucioso levantamento comparativo entre os códigos profissionais de ética jornalística[23]. Neles, também observou os pontos mais comuns dos quais sintetizamos: *verdade, objetividade e exatidão* (aparecem em 100% dos códigos), *segredo profissional* (82%), *integridade profissional do jornalista* (76%), *evitar calúnia, acusação, difamação ou plágio* (62%), *dignidade profissional e lealdade à empresa e aos companheiros* (60%), *retificação e direito de resposta* (60%), *respeito à intimidade e vida privada* (52%), *defesa da liberdade de informação* (52%), *serviço ao bem comum* (46%), *métodos lícitos de obtenção de informação* (38%), *responsabilidade no exercício da profissão* (34%), *não à pornografia* (28%), *solidariedade profissional* (20%), *não incitação à violência, roubo ou crime* (20%), *distinção entre notícia e comentário* (16%), *cláusula de consciência* (16%), *não ao sensacionalismo* (16%), *comprovar a verdade, se possível, das fontes de informação* (16%), *direito a salário digno e dedicação exclusiva à atividade* (14%) e *respeito às instituições sociais* (14%).

Nesse sentido, observamos que os códigos tratam a ética tanto em sua relação com a produção diária de fatos e versões – seu compromisso com a informação jornalística – como em sua relação com as empresas, os colegas e o público.

Já o professor Luka Brajnovic (1978), consultando alguns códigos nacionais de jornalistas e outros supranacionais, também agrupou os temas éticos, assim como outros especialistas. Os estudos comparativos ou de análise e proposições vêm aumentando em todo o planeta, revelando a importância estratégica crescente da atividade jornalística e seus traços distintivos. No Brasil, entre outros trabalhos, destacamos os publicados por Bucci (2000), Kucinski (2005), Christofoletti (2008) e Tófoli (2008).

Examinando os códigos minuciosamente e comparando-os com o emprego operacional no dia a dia, é visível que, não raro, se tornam ineficazes ou inaplicáveis. Mesmo assim, inúmeras outras vezes são referências importantes, indicam comportamentos com o objetivo de amparar um *estatuto moral* para a atividade profissional dos jornalistas e são aplicados.

4 Temas éticos no jornalismo: um problema que nunca termina

É INTERESSANTE SITUAR UM pouco a complexidade de alguns temas éticos no jornalismo, vinculando-os a códigos, manuais, princípios jurídicos e/ou morais. Como não é possível – tanto em quantidade quanto em profundidade – abordar todos os aspectos de um ou vários assuntos que envolvem a ética jornalística, serão usados cinco exemplos. O primeiro recorre, também, ao tratamento jornalístico de um caso, com seus desdobramentos polêmicos. Acreditamos que os exemplos escolhidos ajudam a perceber a complexidade da ética jornalística, bem como alguns dos pontos ambíguos que envolve.

DIREITO À VIDA PRIVADA, LIBERDADE DE INFORMAÇÃO JORNALÍSTICA E INTERESSE PÚBLICO

UM DOS PRINCIPAIS TEMAS que vêm indicando a complexidade do problema ético da atividade jornalística é, sem dúvida, a relação entre o direito à vida privada e a liberdade de informação jornalística em conexão com o interesse público. De um lado, parece-nos bastante genérico, confuso e subjetivo somente definir que onde termina a vida privada começa o interesse público, ou simplesmente que a privacidade deve estar submetida ao interesse público. Essa síntese, muitas vezes expressa em códigos, como veremos adiante, só pode ser entendida como referência normativa para discussão, análise e julgamento de um caso com o qual o profissional se defronte e tenha de fazer uma escolha, tanto no método e abrangência da investigação informativa quanto na opção de publicação, incluindo sua forma e seu conteúdo.

É muito difícil defender estritamente a privacidade de uma personalidade pública, como o presidente da República, se a dimensão de sua privacidade se dá em momentos em que o *indivíduo presidente da República* toma atitudes com repercussão na esfera do cargo público, com desdobramentos ativos na sociedade. Ao mesmo tempo, quem está no cargo público não representa somente a sua individualidade, mas é também uma pessoa cujas ações terão desdobramentos políticos e sociais com profunda repercussão na individualidade de outras pessoas e na consecução de comportamentos sociais e projetos de futuro.

Além disso, os comportamentos na esfera privada – por exemplo, a orientação sexual de um governante ou de um inimigo político – não podem justificar uma crítica estritamente pessoal. A nosso ver, nesse caso, a invasão da privacidade desqualifica a informação em sua dimensão de interesse público para contrabandear, com um conservadorismo moral de sinal contrário, um projeto de futuro tão autoritário e moralista quanto o que se quis combater. É o caso, por exemplo, de alguns veículos de comunicação que se esmeram no envolvimento de personalidades públicas em escândalos de ordem particular para, em contrapartida, esquecer os aspectos mais importantes da ação da personalidade pública. Um exemplo nítido, no Brasil, foi o da primeira fase do jornal *Hora do Povo*, pretensamente, à época, de esquerda[24]. Ao perscrutar a vida pessoal de governantes e parlamentares conservadores politicamente, o jornal reforçava a moral vigente no senso comum da população e reforçava preconceitos existentes. Em outras palavras, não revelava capacidade de investigação informativa para combater os adversários à luz da complexidade contemporânea, um princípio editorial mais eficaz e correto para chegar às graves e irresolvidas questões sociais daquele período em que vivia o país. Em determinado momento, *Hora do Povo* chegou a se referir ao abraço do general Figueiredo, então presidente da República, como um abraço no "*anticristo*" Vidella, um dos presidentes no regime militar argentino. Afora o insólito ou ridículo da escolha jornalística, é bastante claro que, ao jogar o valor negativo *anticristo* no presidente argentino, *Hora do Povo* fez uma opção teológica pela bondade e perfeição ao redor do *Cristo*, independentemente de que o tenhamos escolhido ou não como o símbolo máximo da religiosidade e de que o consagremos ou não. A opção pelo "bem supremo" quando os valores são tão "nítidos" quanto os que defendeu aquele jornal foi responsável por vários massacres que a humanidade vivenciou e sofreu, mas também ajudou a consagrar em toda sua história: a Inquisição é um dos numerosos e marcantes exemplos disso. Os processos de Moscou, o massacre da Praça da Paz Celestial, o massacre norte-americano de *My Lai* e dos civis iraquianos são outros ricos e trágicos exemplos desse comportamento, engrossando a incontável lista da aplicação prática de juízos particulares conformados na ação política.

A maneira de tratar os aspectos da vida privada em sua dimensão de dor, tragédia ou humor duvidoso de forma tão visível – às vezes cruel e às vezes grosseira – tem algo a ver com a vida de quem é atraído pela informação. Afinidade de conflitos e problemas, curiosidade social ou morbidez mesclam-se no interesse comum que mantém, cotidianamente, um jornal com esse perfil nas bancas. E tal projeto editorial não pode, a nosso ver, simplesmente ser rejeitado como socialmente "maligno".

A sociedade, em parte refletida em projeto editorial com tal perfil, não resolveu ainda seus cruciais problemas nele retratados. Por isso, a condenação genérica dessa linha editorial deveria vir acompanhada, igualmente – para haver coerência moral –, da condenação de um tipo de sociedade que sobrevive diariamente ao redor de tais problemas. Mas isso também é insuficiente se essa condenação não vier acompanhada, ao mesmo tempo, da condenação de uma estrutura social que gera indivíduos cuja única opção é viver ao redor dos problemas expressos por tal jornal. Mais que isso: se não quisermos ficar arremessando e remoendo críticas com base na simples valoração imediata de *bem* e *mal*, precisaremos reconhecer o papel da teoria, isto é, da reflexão sobre as razões da existência tanto da sociedade quanto do jornal.

A teoria, os debates, os centros de estudo, as escolas, as universidades, as organizações sindicais e suas instâncias de assembleias e congressos são importantes para encaminhar outro rumo tanto para a sociedade em geral quanto para a atividade jornalística e a mediação ética exigida. Do contrário, a observação empírica e a opinião, com base estritamente naquela, tornam-se os pilares sobre os quais se assentariam uma atividade, com desdobramento na própria opinião pública. A ética consequente teria como pressuposto aquilo que imediatamente está dado, tanto no impacto mais imediato do que é vivenciado ou conhecido quanto no julgamento posterior com base apenas nesse imediatismo transposto para o interior da consciência. O arbítrio no julgamento, na escolha e na edição de um acontecimento passa a ser tão grande quanto o de quem os escolhe e julga de um ponto de vista crítico como leitor. Por isso, o tormento permanente entre *privacidade, interesse público* e *liberdade de informação* deve estar ancorado em valores sociais que envolvam tanto o universo da feitura do jornalismo (incluindo o profissional, os meios de comunicação e seus proprietários) quanto o público envolvido na esfera social e o universo de fontes (incluindo suas subjetividades) em determinado caso.

Dimensionar os limites da privacidade, do interesse público e da própria noção de liberdade conectada com a responsabilidade social é um dos dilemas da ética jornalística contemporânea. E não é à toa que esse tema, não raras vezes, figura nos códigos deontológicos. Esse dilema é crescente e se torna cada vez mais complexo à medida que a tecnologia permite, gradativamente, acesso a um campo maior de acontecimentos e à privacidade dos indivíduos.

Embora os códigos deontológicos sejam importantes e devam existir, a discussão entre jornalistas, empresários, governo e público é central para o aumento do grau de entendimento sobre a importância da atividade jornalística, de seu funcionamento e do próprio conteúdo da norma referenciada, tanto para compreendê-la quanto para introjetá-la ou negá-la com base em novos pressupostos. Esse é um tormento do qual os jornalistas não podem livrar-se, já que a realidade e sua crescente complexidade se constituem como movimento e não como paralisia, envolvendo a noção de processo, contradição e dialética. Nesse sentido, o compromisso radical do jornalismo com a pluralidade social em que se desdobra a humanidade implica o reconhecimento de que o exercício ético não é, contraditoriamente, *absoluto*. É, ao mesmo tempo, um movimento imerso no conjunto dos demais movimentos sociais e, conforme Ágnes Heller (1985), é necessário que nele existam uma *consciência de* si, *uma autoconsciência, uma autocrítica,* e nos indivíduos que o integram apareçam *contradições morais*.

Nesse sentido, interesse público, privacidade e liberdade de informação jornalística enfrentam, contemporaneamente, um conjunto de problemas a cada caso em que estão em jogo essas três dimensões. É por isso, também, que os códigos trazem pontos definidos sobre esses tópicos. Uma leitura atenta, porém, mostra que *ambiguidade* e *contradição* trafegam juntas em seu interior.

É interessante a comparação entre alguns códigos para, posteriormente, ligá-los a observações de especialistas e a casos concretos.

O primeiro exemplo situa o direito à liberdade de informação em conexão com o interesse público e o direito à privacidade, vinculando-os com um exemplo de tratamento jornalístico. Para isso, foram extraídos itens da *Declaração da Unesco sobre os Meios de Comunicação*, dos *Princípios internacionais da ética profissional dos jornalistas* (PIEPJ), do *Código Latino-Americano de Ética Jornalística* (Claej), do *Código de Ética do Jornalista Brasileiro* (CEJB), do *Código de Ética da Associação Nacional de Jornais* (Ceanj) e da *Constituição da República Federativa Brasileira* (CRFB).

UNESCO
[...]
Artigo 2º
1. O exercício da liberdade de opinião, da liberdade de expressão e da liberdade de informação, reconhecido como parte integrante dos direitos humanos e das liberdades fundamentais, constitui um fator essencial do fortalecimento da paz e da compreensão internacional.
[...]
Artigo 3º
[...]
2. Na luta contra a guerra de agressão, o racismo e o *apartheid*, assim como contra outras violações dos direitos humanos que, entre outras coisas, são o resultado de preconceitos e da ignorância, os meios de comunicação, por meio da difusão da informação relativa aos ideais, aspirações, culturas e exigências dos povos, contribuem para eliminar a ignorância e a incompreensão entre os povos, para sensibilizar os cidadãos de um país sobre as exigências e as aspirações dos outros, para conseguir o respeito dos direitos e a dignidade de todas as nações, de todos os povos e de todos os indivíduos, sem distinção de raça, de sexo, de língua, de religião ou de nacionalidade e para chamar a atenção para os grandes males que afligem a humanidade, tais como a miséria, a desnutrição e as enfermidades. [...]

PIEPJ
Princípio I: *O direito dos povos a uma informação verídica*
Os povos e os indivíduos têm o direito de receber uma imagem objetiva da realidade, por meio de uma informação precisa e global, como também o direito de expressar-se livremente nos diversos meios de difusão cultural e de comunicação.

CONTINUA ▶

CONTINUAÇÃO ▶

[...]
Princípio IV: *O direito à vida privada e à dignidade humana*
Parte integrante das normas profissionais do jornalista é o respeito do direito do indivíduo à vida privada e à dignidade humana, de acordo com os estipulantes do direito internacional e nacional, relativos à proteção dos direitos e da reputação das pessoas, proibindo-se o libelo, a calúnia, a maledicência e a difamação.

CLAEJ
[...]
Artigo 2º
São também deveres do jornalista:
[...]
Impulsionar, consolidar e defender a liberdade de expressão e o direito que têm os povos de informar e serem informados.

CEJB
[...]
Artigo 6º
É dever do jornalista:
II) divulgar os fatos e as informações de interesse público;

CEANJ

Os jornais afiliados à Associação Nacional de Jornais (ANJ) comprometem-se a cumprir os seguintes preceitos:

[...]

02. Sustentar a liberdade de expressão, o funcionamento sem restrições da imprensa e o livre exercício da profissão.

03. Apurar e publicar a verdade dos fatos de interesse público, não admitindo que sobre eles prevaleçam quaisquer interesses.

CRFB

[...]

Art. 5º. Todos são iguais perante a lei, sem distinção de qualquer natureza, garantindo-se aos brasileiros e aos estrangeiros residentes no País a inviolabilidade do direito à vida, à liberdade, à igualdade, à segurança e à propriedade, nos termos seguintes:

embaraço à plena liberdade de informação jornalística em qualquer veículo de comunicação social, observado o disposto no art. 5º, IV, V, X, XIII e XIV.

[...]

V – é assegurado o direito de resposta, proporcional ao agravo, além da indenização por dano material, moral ou à imagem;

[...]

X – são invioláveis a intimidade, a vida privada, a honra e a imagem das pessoas, assegurado o direito à indenização pelo dano material ou moral decorrente de sua violação.

CONTINUA ▶

Artigo 6º. São ações violatórias da ética profissional:
[...]
– a omissão de informação de interesse coletivo; a difamação e a injúria.
[...]
VIII – respeitar o direito à intimidade, à privacidade, à honra e à imagem do cidadão.
[...]
08. Respeitar o direito de cada indivíduo à sua privacidade, salvo quando esse direito constituir obstáculo à informação de interesse público.
[...]
Art. 220. A manifestação do pensamento, a criação, a expressão e a informação, sob qualquer forma, processo ou veículo não sofrerão qualquer restrição, observado o disposto nesta Constituição.

§ 1º Nenhuma lei conterá dispositivo que possa constituir

CAZUZA, MORTE, ÉTICA E JORNALISMO

> La candente mañana de febrero en que Beatriz Viterbo murió, después de una imperiosa agonía que no se rebajó un solo instante ni al sentimentalismo ni al miedo, noté que las carteleras de fierro de la Plaza Constitución habían renovado no sé que avisos de cigarrillos rubios; el hecho me dolió, pues comprendí que el incesante y vasto universo ya se apartaba de ella y que ese cambio era el primero de una serie infinita.
>
> JORGE LUIS BORGES (*El Aleph*)

A EDIÇÃO Nº 1.077 DA revista *Veja*, de 26 de abril de 1989, trouxe na capa a foto do cantor Cazuza, com as mãos cruzadas sobre os ombros, magro, óculos, cabelo ralo e, para quem não o via havia algum tempo, fisionomia e aspectos físicos bastante diferentes de suas anteriores aparições em público, seja para entrevistas ou para apresentações musicais. A imagem esquálida de Cazuza, publicada por uma revista de circulação nacional com suas centenas de milhares de exemplares (808.869 naquele número), sob o título *Cazuza, uma vítima da aids agoniza em praça pública*, deixava antever os desdobramentos ao redor dos limites éticos da atividade jornalística em relação à vida privada do cidadão, inclusive personalidades públicas. E não deu outra.

As manifestações sobre a capa e a matéria com Cazuza geraram várias polêmicas nacionais, acusações de Cazuza e artistas contra *Veja*, respostas da revista aos artistas e cartas de leitores apoiando ou criticando a matéria. Debates sucederam-se, especialistas detiveram-se a analisar a cobertura jornalística. E retornou à cena o tema *ética jornalística*, os limites da atuação profissional, o interesse público *versus* a esfera privada do indivíduo, liberdade de informação contra respeito à dor, ao sofrimento.

Não é possível apanhar todas as dimensões do problema que envolve a vida privada em sua relação com a informação jornalística amparada pelo interesse público. Contudo, é possível fazer algumas observações sobre a ética jornalística, os aspectos morais da cobertura jornalística, da entrevista com Cazuza e da moral social vigente que determina posições, comentários e ações quanto ao tema. O objetivo é, portanto, complexificar moralmente a temática, apanhando, para isso, alguns aspectos do caso Cazuza.

É possível argumentar que a matéria com Cazuza, sem investigar a forma como se deram o contato dos repórteres Ângela Abreu e Alessandro Porro com ele e a conversa sobre *a que* serviria a reportagem e *como* seria publicada, é jornalística e moralmente defensável. Há revelações do cantor, e a revista conta a história de Cazuza com os momentos mais trágicos, mas também com os mais brilhantes. Fica a impressão de que a imagem da capa foi aquilo que mais impressionou, sendo valorada negativamente.

Na matéria que vai da página 80 à 87, com o título "A luta em público contra a aids" e o subtítulo "Abatido aos poucos pela doença, o compositor Cazuza conta como resiste em nome da vida e da carreira", depois de lembrar que "o mundo de Cazuza está se acabando com estrondo e sem lamúrias" e que ele "faz questão de morrer em público sem esconder o que está lhe passando", *Veja* recorda o drama e as angústias pessoais do cantor, juntamente com sua obra, ainda permanente, ainda em continuidade, expressa, por exemplo, no novo disco que preparava então. Mais que isso, *Veja* lembrou que os olhares que Cazuza atraía eram "muitos e variados":

> Há os que contemplem o seu calvário com admiração pela coragem e garra do cantor. Há os que busquem o sensacionalismo e o escândalo. Há os que o apontem como herói e mártir da aids. Há os que se sintam fascinados em beijá-lo na boca em público. Há os que o vejam com piedade. E há os que se sintam morbidamente atraídos pela tragédia de Cazuza.

A matéria com Cazuza foi também um reflexo parcial de um pouco de tudo isso. Um reflexo do conjunto de morais sociais expressas em comentários, julgamentos, críticas, elogios, sentimentos grandiosos e mesquinhos. Enfim, *Veja* conseguiu, jornalisticamente, sintetizar a alma moral brasileira dos vários segmentos sociais, do público. Mas também conseguiu gerar, no artista e nos seus amigos, bem como em uma parcela da sociedade, revolta.

É necessário, no entanto, dizer que o jornalismo não pode conviver somente com "as coisas belas da vida". Precisa tratar das tragédias que essa mesma vida carrega, para, inclusive, valorizar as consideradas grandiosas. Os valores sociais só podem ser sentidos, tanto pela razão como pela paixão e emoção, se estiverem ligados socialmente à diversidade em que se expressam. Do contrário, se houvesse só *beleza*, a própria palavra não teria sentido de existir, já que não haveria nada possível de ser nomeado fora dela. Seria uma redundância. Se há coisas que não são da esfera do *belo*, do *útil*, do *prazer*, é porque há algo passível de ser considerado *feio*, *inútil* ou *doloroso*. O universo do jornalismo precisa lidar com isso, é da sua essência, é para isso que existe, não para esconder as coisas do mundo. Ele não pode se prestar a ser o porta-voz da sonegação de informações com base em morais particulares. Por isso, o jornalismo precisa lidar com essa diversidade, que inclui dor e prazer, mesquinharia e grandeza, alegria e tristeza. É por isso que inclui diversidade de fontes, de opiniões, de antagonismos morais, de relatos diferenciados sobre os acontecimentos e de várias versões sobre os mesmos fatos. Eliminar isso é simplesmente querer que o jornalismo, o presente e o futuro se submetam à lógica pessoal e à moral particular, vertentes nítidas para o autoritarismo e a opressão.

Se Cazuza estava com aids e agonizava fisicamente, isso não dizia mais respeito somente à sua individualidade. Sua vida já possuía dimensão *pública*. É por isso, aliás, que houve tantas reportagens em vários veículos de comunicação no país sobre sua obra poética, seus discos, suas apresentações, e suas opiniões – que iam do amor à situação política institucional brasileira. Quando havia essas matérias, não houve brado tão grande contra sua cobertura. Claro, Cazuza era, então, um portador da arte, da cultura, de novos comportamentos. Socializava a beleza, a fama, a alegria e não haveria mesmo como reclamar para que toda essa vida do cantor fosse eliminada da esfera pública em que se movimentava, sendo permanente objeto de atenção dos meios de comunicação. Até aí, não havia significativas reclamações. Elas vieram precisamente quando, com uma figura já então pública, surgia a possibilidade de uma vida jovem, idealizada, autoprojetada por parcela da população ter encontro com a dor, com o sofrimento, com a morte. É aí que, não a cobertura jornalística, mas a própria consciência da dor física e da finitude humana emerge em sua dimensão mais clara e trágica: a morte é inevitável.

E não é apenas a morte de Cazuza que gera sentimentos de impotência diante do mundo, mas também a morte de um amigo ou parente próximo, a morte de uma personalidade pública que, independentemente de concordância ou não com suas opiniões ou atos, traz o sentimento claro do fim, de passado, de tempo, de finitude. É que talvez projetemos em figuras públicas a impossibilidade de *fim*, ideais construídos para a figura "olimpiana"[25]. Porque, afinal, todos nós participamos um pouco da vida dos amigos, dos parentes, do jornaleiro da esquina ou das pessoas públicas com as quais jamais conversamos ou vemos pessoalmente, mas de cuja vida somos um pouco companheiros na alegria e na dor. E é por isso que os meios de comunicação noticiaram tanto o auge de Cazuza e sua imensidão de fãs o saudando às portas das casas de espetáculo, nos aeroportos ou nas ruas quanto a sua dimensão mais trágica, convivendo com a angústia do fim expresso pela aids e, simultaneamente, a sua ardente batalha para prolongar a vida, seu novo disco, sua entrevista, suas revelações ainda singulares diante do mundo e da vida.

O fato é que não é possível lidar com a mão única da moralidade e o jornalismo não pode lidar somente com um viés único de cobertura de acontecimentos e de entrevistas. É claro que há temas mais delicados. No caso, a cobertura de *Veja* impressionou mais pela capa e pela revelação enfim assumida publicamente para milhões de brasileiros de que também Cazuza era mortal e de que isso estava bastante próximo. Nesse sentido, o encontro de uma personalidade pública com a morte está magistralmente narrado por Gabriel García Márquez, quando descreve o fim solitário, doente e melancólico de Simon Bolívar, depois de décadas de glórias, fama e conquistas[26].

O assédio da morte está presente em cada momento de nossas vidas. A agonia do fim acentua essa tragédia e cada um de nós pergunta, como Bolívar, como sair desse labirinto. A agonia de Cazuza e sua morte foram acompanhadas e repartidas por milhões de pessoas em sua trajetória. O jornalismo, em sua agilidade e potencialidade tecnológica, traz o imediatismo mediada pelo profissional. A ele cabe fazer isso e todo mundo quer saber, por exemplo, de Cazuza. Há uma grande identificação humana, por um lado, com sua obra e suas ideias. Mas há, também, uma grande repartição da dor do cantor, que nos remete ao fim de uma celebridade e à própria noção de fim.

A matéria de *Veja* tratou de tudo isso um pouco. É por isso, também, que foram tantas as reações.

A primeira resposta foi a de Cazuza, que em documento assinado e publicado em vários veículos, com o título *Veja, a agonia de uma revista*, manifestou tristeza e revolta:

> Tristeza por ver essa revista ceder à tentação de descer ao sensacionalismo, para me sentenciar à morte em troca da venda de alguns exemplares a mais. [...] Mesmo não sendo jornalista, entendo que a afirmação de que sou agonizante devia estar fundamentada em declarações dos médicos que me assistem, únicos, segundo entendo, a conhecerem meu estado clínico e, portanto, em condições de se manifestarem a respeito. A *Veja* não cumpriu esse dever e, com arrogância, assume o papel de juiz do meu destino. Esta é a razão da minha revolta.

A matéria de *Veja* foi polêmica e, segundo o jornal *Zero Hora*, à página 4 do *Segundo Caderno* (27 de abril de 1989), que também reproduziu o documento de Cazuza, "até a repórter Ângela Abreu pediu demissão depois de ver a capa da revista e o título". Naquela semana, Cazuza recebeu vários prêmios durante a solenidade do 2º Prêmio Sharp de Música. Durante o encontro, a atriz Marília Pêra leu o manifesto *Brasil, mostra a tua cara*, assinado pelos artistas e também reproduzido em vários veículos, entre eles a edição mencionada de *ZH*:

> *Veja* quer que se veja Cazuza como vítima; por sua coragem, por sua generosidade, por sua poesia, todas as forças vivas do Brasil reconhecem nele um herói de nosso tempo. Porta-voz da síndrome da Antiética Adquirida, *Veja* nos oferece um triste espetáculo de morbidez, vulgaridade e sensacionalismo sobre Cazuza.

Cazuza foi, sim, corajoso, generoso, e deixou uma obra poética que ultrapassa sua vida física e permanece na arte brasileira. Em muitas de suas letras contribuiu para o aumento da solidariedade e da humanização da sociedade. Mas o cantor também estava bastante doente. Além disso, era e é, ainda hoje, uma personalidade pública. *Veja* tratou tanto de sua obra e coragem quanto de sua doença. E, jornalisticamente, tem de ser assim para que não sejamos apenas pequenos tiranos do cotidiano, manobrando a informação para atender a morais particulares. A professora da Universidade de Brasília, Célia Ladeira (1989, p. 15), argumentou:

> Qual a opção feita pela *Veja*? Ao escolher para a capa a foto de um Cazuza esquálido e sério, fotografado com um jogo de sombras a lhe obscurecer metade do rosto (logo ele, Cazuza, que havia preferido o jogo aberto dos holofotes...), ao fazer esta opção, *Veja* preferiu o estigma, a lição em praça pública (o espaço público de uma capa de revista) para os que sofrem de aids.

Os meios de comunicação, inclusive *Veja*, trataram de Cazuza "sob os holofotes" em outras capas ou matérias. E, na reportagem de capa a que se refere Ladeira, no próprio corpo da matéria. O que não é possível é só tratar "sob os holofotes" e fazer de conta que Cazuza não tinha perdido peso, que não estava doente, que a doença não era grave e que ele não tinha relevância pública como personalidade afinada com milhões de pessoas. Se *Veja* optou implicitamente por um julgamento moral na capa, como propõe Ladeira, ele não é menor do que os preconceitos emitidos por quem acha que a aids é um tema a não ser discutido, que doença e agonia física devem ser remetidas ao campo do isolamento individual, que o fotojornalismo só deve fotografar as flores e não as balas, o sorriso e não o choro, o abraço e não a amputação da alma humana. É claro que *Veja* e seus jornalistas possuem morais que se expressam em suas páginas. Mas não é possível dizer, no caso de Cazuza, que ela foi mais estigmatizadora do que a posição daqueles que queriam esconder Cazuza ou queriam uma foto do cantor sorridente e gordo. Esconder a dor também é uma manobra para esconder preconceito moral contra ela. Esconder os fatos em sua dimensão de tragédia e dor ou alegria e prazer é, além de preconceito moral com coisas que *existem*, uma nítida tentativa de evitar que os outros tenham acesso a eles. Além de preconceituoso, esse comportamento tenta justificar, pela via da moralidade, a censura à diversidade de acontecimentos e à diversidade de versões, opiniões e interpretações. Os meios de comunicação inúmeras vezes se valeram disso... e ainda se valem. Mas ajudar a reforçar isso só desqualifica a atividade jornalística e justifica a prevalência, na feitura do jornalismo, das morais particulares.

A resposta de *Veja* veio dura. O público também se manifestou sobre a edição da capa e da matéria com Cazuza. A edição seguinte da revista, nº 1.078, de 10 de maio de 1989 (páginas 74 e 75), sob o título "Show de intolerância", traz uma resposta contundente ao manifesto *Brasil, mostra tua cara*. Depois de lembrar que, em agosto de 1988, a revista trouxe matéria similar, "Aids, os que vão morrer contam sua agonia"[27], tratando da vida de diversos portadores do HIV, dos preconceitos, de como se preparavam para a morte, de como resistiam, *Veja* destaca que nenhum protesto emergiu para condenar a matéria, mesmo que nela houvesse um teatrólogo e um locutor de rádio.

Veja também explica que houve fidelidade aos fatos relatados por Cazuza. A revista argumenta, ainda, que personalidades públicas como José Sarney ou Paulo Maluf, apesar de duramente criticados, nunca se insurgiram contra a liberdade de informação que os atingira. A *Veja* faz uma comparação com eles em função das afirmações de Marília Pêra à TV Cultura, de São Paulo, que depois de enfatizar ter lutado muito pela liberdade nos anos de censura e governos militares agora se perguntava: "O que é liberdade de imprensa, o que é liberdade de expressão?" Ao mesmo tempo, referia-se a Fernanda Montenegro, outra signatária do manifesto dos artistas, que havia sugerido, em entrevista ao *Jornal Nacional*, da Rede Globo, que deviam "lutar pelo direito de saber no que resulta uma entrevista de um artista ou indivíduo".

De acordo com *Veja*,

> Esse "direito", se levado à prática, coloca dificuldades de ordem operacional. Ao se entrevistar e fotografar Mikhail Gorbachev, ou o general Leônidas Pires Gonçalves, ou Paul McCartney, ou o papa João Paulo II, ou Cazuza, deve-se levar a reportagem para eles a aprovarem? Por que, então, num espetáculo de Fernanda Montenegro ou Marília Pêra o público que paga ingressos não tem o "direito" de ler o texto da peça, opinar sobre os detalhes de cenografia e empostação de voz antes da encenação? O aiatolá Khomeini tem respostas claras a essas perguntas prosaicas. Quando não concorda com a arte de um escritor como Salman Rushdie, manda matá-lo. Rushdie deveria ter mandado *Os Versos Satânicos* a Khomeini antes de publicar o romance?

Referindo-se ao manifesto, com suas ilustres assinaturas (por exemplo, as de Pelé, Roberto Carlos, Xuxa e Lobão), a revista observa:

> Com Cazuza, é perfeitamente cabível que 510 pessoas considerem o cantor um "herói de nosso tempo" e que o que "ele diz está dito e bendito, bendito ele entre os malditos". Mas que não queiram impor esta idolatria cega a quem pensa de maneira diferente. Ou a quem está empenhado em contar as coisas como são – por mais tristes e terríveis que sejam – e não como gostariam que fossem.

O cuidado de *Veja* em defender a liberdade de expressão e de informação jornalística tem razão de ser. Os meios de comunicação se defrontam, cotidianamente, com pessoas, grupos, autoridades, personalidades famosas que querem alterar o conteúdo das informações, em geral tentando moldá-lo ao otimismo com que se veem, inconformados com as críticas e com as visões diferentes dos olhares do mundo sobre eles. Talvez em cada indivíduo habite um pouco do censor da década de 1970 ou um pouco do tirano cotidiano que tenta impor seu domínio nas relações pessoais domésticas.

Nas 57 cartas (Resumo) de leitores publicadas por *Veja* sobre o episódio Cazuza[28], as diversas concepções morais particulares ficam bastante nítidas. De acordo com o leitor Jorge Carlos da Cruz (São Paulo, SP), *Veja* mostrou "a realidade sem sensacionalismo, comprometida que está com a verdade e a liberdade de imprensa, pela qual lutou nos obscuros anos da ditadura". Já a leitora Marta Ferreira (Belo Horizonte, MG) lamentou a cobertura jornalística, destacando: "Pena que a melhor revista do país confundiu as marchas e, ao entrevistar Cazuza, escorregou num sensacionalismo barato". A leitora Ana Maria Peres Figueira (Santos, SP) acha, contudo, que, "longe de querer fazer sensacionalismo, *Veja* mostrou a realidade de um ser humano à morte com a máxima fidelidade e respeito". Por sua vez, o leitor Antônio Augusto Medeiros (Natal, RN) achou "inescrupulosa a reportagem de *Veja* sobre Cazuza. Uma falta de respeito lamentável".

Enfim, *sensacionalismo, falta de respeito, verdade, liberdade* foram termos que não faltaram aos leitores, expressando juízos de valor e seu consequente julgamento, um julgamento no qual todos os dias nos envolvemos, sejamos artistas, intelectuais, jornalistas, empresários da comunicação com seus manuais de princípios ou leitores e consumidores. Cada indivíduo carrega, consigo, de certa forma, o conjunto de valores morais sociais que se expressam diversamente em sua singularidade. O modo possível de tornar a tirania moral *menos tirana* e a liberdade formal mais *livre* é participando simultaneamente dos desdobramentos sociais das outras "tiranias" ou "liberdades", em que o espaço público de revelação imediata dos acontecimentos em sua diversidade social é requisito essencial para o desdobramento social dos indivíduos em direção à efetiva liberdade. O mundo particular do indivíduo deve ter acesso à condução do mundo comum social, no espaço público onde se mexe, por exemplo, o jornalismo, e dela participar.

As posições e opiniões conservadoras, que particularizam a humanidade e não a universalizam, que justificam pelos preconceitos pessoais e particulares a condenação universal de outros valores que não os seus, precisam ser derrotadas no campo mesmo da disputa das consciências, convencidas de que o sofrimento deve ser superado, de que a solidariedade não pode ser um ente genérico habitando os discursos e de que a liberdade de informação não pode ser apenas uma formalização cínica dos manuais. Por isso, o espaço de crítica aos meios de comunicação deve ser tão grande quanto o exercido por estes para criticar ou levantar a informação que interesse ao público e tenha repercussões sociais.

Uma das cartas mais raivosas foi a do radialista Afanásio Jazadji, destilando ódio e preconceito. O espaço que ele tem, por exemplo, para opinar e gerar socialmente condenações que podem desencadear atos pessoais de violência deve ser tão grande quanto o espaço que deve existir para rebatê-lo. O apoio manifesto a ele socialmente, expresso por sua eleição como deputado estadual em São Paulo, revela que não são poucos os que se colocam em sua sintonia. A carta de Jazadji deve ser publicada, como fez a revista, tanto quanto as críticas que podem gerar posições, atos e opiniões contrários aos que Afanásio expressou seguidamente em seus programas radiofônicos e na própria carta. Afanásio, um *comunicador*, saúda a *Veja*

> [...] por documentar verdades sobre o irracional, abusado e indecoroso Cazuza. De triste memória, este aidético insultou famílias, ofendeu seguidamente o público em seus shows e até desrespeitou o símbolo máximo da nacionalidade – a nossa bandeira. Que os signatários do desagravo – lido em noite de gala e noticiado pela TV Globo – vão todos para os diabos e, ao ordinário Cazuza, que o inferno o receba, em breve e ardentemente.

Afanásio representa a moralidade de milhões de brasileiros. Mas milhões de brasileiros têm, também, opiniões contrárias e juízos de valor diferentes. É por isso, por exemplo, que Afanásio já sofreu ameaça de linchamento público de várias pessoas. Há quem concorde com ele: o leitor Oswaldo Abrão José (São Paulo,

SP) pergunta: "Quem é Cazuza, na ordem do dia, para figurar na capa de *Veja*? Que homenagem para quem em nada contribuiu para o nosso país, a não ser desrespeitar de forma baixa e rasteira o Pavilhão Nacional! Será que não havia nada de melhor para ser capa na semana da Inconfidência Mineira?" Há quem pense diferente: Cláudia Madarazzo (São Paulo, SP) escreveu parabenizando a revista "pela entrevista superbem-feita com o nosso querido Cazuza. Fiquei emocionada com as palavras deste ser humano tão forte, que encontra entusiasmo com tudo o que faz".

Enfim, cada um publicaria ou cortaria declarações de acordo com sua concepção de mundo. O problema é que aplicar isso *absolutamente* ao mundo do jornalismo, como a qualquer outra atividade, é apenas apostar que a sua particularidade moral é universal.

A dificuldade em lidar com essa temática está bastante nítida nos trechos dos códigos referidos antes, nos quais a importância de chamar a atenção para os grandes males que afligem a humanidade, tais como "as enfermidades" (Unesco), convive com o "direito do indivíduo à vida privada e à dignidade humana" (PIEPJ). As dificuldades do julgamento ético e moral da atividade jornalística, com base na norma deontológica, estão num documento que, simultaneamente, diz que são deveres do jornalista "impulsionar e defender a liberdade de informação" e são "ações violatórias da ética profissional a difamação e a injúria" (Cejla). Ou que é dever do jornalista "divulgar os fatos e as informações de interesse público" e, igualmente, "respeitar o direito à intimidade, à privacidade, à honra e à imagem do cidadão" (CEJB). É por isso, também, que o debate ao redor do caso Cazuza envolveu tanta polêmica e tanta análise subjetiva, na qual a subjetividade das morais particulares expressou-se sob várias formas.

Em enquete feita com algumas pessoas, também representantes de entidades, o jornal *Gazeta de Pinheiros*, de São Paulo, em sua edição de 14.5.89, à página 2, destacou que *Veja* "foi oportunista e sensacionalista" (Luiz Schiavon, músico) e que "foi lastimável a maneira que a *Veja* abordou o assunto e fez a chamada de capa. É uma demonstração clara que não há respeito com a fonte como pessoa humana" (Robson Moreira, presidente, à época, do Sindicato dos Jornalistas de São Paulo). De acordo com as opiniões ouvidas pelo jornal, a revista foi "sensacionalista", "em nenhum momento se pensou no estado de saúde de Cazuza", "a chamada de capa, que foi agressiva, não correspondia ao conteúdo" (Áurea Celeste da Silva, presidente do Grupo de Apoio e Prevenção à Aids – Gapa), "a aids foi usada como assunto sensacionalista, provocando desinformação à população" (Ubiratan da Costa e Silva, presidente do Centro de Apoio Lambda).

Para a revista *Imprensa* (nº 21, maio de 1989, p. 36) "...a posição dos defensores de Cazuza, no entanto, fica fragilizada diante da própria atitude do cantor. Cazuza mostrou-se indignado com o tom da matéria de *Veja*, mas, em momento algum, contestou qualquer das informações nela contidas".

A revista relata um possível arrependimento de um dos signatários do manifesto dos artistas, precisamente a jornalista Marília Gabriela, que, de acordo com *Imprensa*, disse temer ter colocado seu nome num ato "contra a liberdade de expressão".

Ao mesmo tempo, o secretário de redação de *Veja*, Júlio César de Barros, segundo a mesma edição da revista *Imprensa*, no programa *Canal Livre*, da Rede Bandeirantes, em 5 de maio de 1989, justificou a posição de *Veja*: "A notícia é a seguinte: Cazuza está com aids, enfrenta a doença em público, com dignidade. Foi isso que a revista quis mostrar". Assim como os códigos dão margem a julgamentos com ampla margem de subjetividade, dependendo da norma moral que transita na consciência do profissional, da sociedade ou dos proprietários dos meios, em alguns princípios contidos em manuais de empresas jornalísticas chega a caber um trem com inumeráveis vagões, cada um possibilitando carregar produtos morais adequados a quaisquer situações ou conveniências momentâneas.

Em geral, tanto códigos quanto Constituições nacionais tratam de princípios que protegem o direito do cidadão à vida privada. Da mesma forma, com base nesses princípios, o Judiciário de muitos países já examinou e, em vários casos, condenou a invasão da privacidade pela investigação e revelação jornalísticas. E o fez a quem ingressou perante a Justiça, reclamando essa invasão, esta ultrapassagem dos limites. Há alguns países, como os Estados Unidos, nos quais atores e atrizes de cinema, especialmente, foram indenizados com vultosas quantias. As consequências da revelação pública de fatos nos quais se envolveu um cidadão, incluindo atos e opiniões, têm gerado muita controvérsia. Muitos juristas amparam suas decisões argumentando que o direito à intimidade implica, por consequência, o direito de ser deixado só, tranquilo, sem envolvimento com a publicidade.

Um dos grandes problemas que aparecem quando há coberturas jornalísticas delicadas que exigem investigação é que há posições diferentes com relação ao limite entre espaço público e espaço privado de movimento do indivíduo. E, da mesma forma, controvérsias sobre os limites daquilo que pode ser de domínio público e daquilo que deve ser respeitado como propriamente privado. Por isso, ao longo do último século vem sendo gradativamente discutido o assunto e, eventualmente, criada jurisprudência sobre o tema[29].

Entre os casos analisados estão os de pessoas que possuem cargos públicos, destaque no campo artístico, cultural e esportivo, e os daquelas que, cotidiana ou eventualmente, estão debatendo-se em meio a transgressões sociais ou participando de problemas sociais considerados graves.

Se o direito à intimidade for absoluto, torna-se jornalisticamente difícil tratar não apenas de Cazuza, mas igualmente do problema social que envolve os sem-terra assassinados ou acampados à beira das estradas, das prostitutas infantis de 10 anos espalhadas pelo Brasil, do massacre de crianças no centro e na periferia das grandes cidades, do abandono social em que estão imersos os incontáveis mendigos que habitam o país, de Norte a Sul, de Leste a Oeste. As capas das revistas e jornais também mostram crianças sendo mortas, famílias mudando-se para debaixo dos viadutos, mendigos arrastando-se pelas ruas. O direito à intimidade de um mendigo pode ser uma justificativa apenas cínica para igualar cidadãos realmente diferentes diante da lei, ou para minimizar problemas sociais em sua necessária e radical elucidação, que envolve *compreender*.

Da mesma forma, não há apenas curiosidade ou sensacionalismo ao redor da vida de Cazuza. Quando milhares de pessoas o assistiram ao vivo ou milhões o viram pela televisão e compram seus discos, escutam suas letras e opiniões, também são jornais, revistas, rádios e televisões que permitem isso. Isto é, não é "necessário", nesses momentos, invocar o direito à intimidade para não vê-lo, não escutá-lo, não *comprar* os produtos fornecidos pelo cantor. A moralidade que subjaz à mão única de entendimento do direito à intimidade é que, "desde que seja a nosso favor, tudo bem". Afinal, é assim também que pensam de certa maneira os próprios donos dos meios de comunicação para angular a informação e seus processos, puxando-a para seus interesses privados. É assim, também, que uma personalidade pública como um presidente da República ou um jogador de futebol gosta de se ver nas páginas de jornais e revistas quando as notícias são "positivas" e isso rende dividendos pessoais a ela, inclusive *financeiros*. A moral, enfim, parece, nesse caso, não ser muito diferente entre os vários "atores" sociais. Da mesma forma, parece ser fácil argumentar o direito à privacidade de si próprio, ao mesmo tempo que nos mínimos gestos cotidianos e caseiros, por exemplo, não se chega a um acordo sobre a *altura do som* com os vizinhos ou mesmo com os pais, irmãos ou companheiros dentro de casa.

É preciso, portanto, aprofundar um pouco mais os argumentos para situar propriamente o direito à privacidade. Nesse sentido, há autores que se preocupam minuciosamente com o assunto.

Lembrando que ao longo do tempo vem sendo modificado o âmbito da vida privada, e "querer fixá-lo é impedir o livre curso da política e das lutas democráticas" (Almino, 1986,

p. 19). O autor observa, com base na obra kantiana, que por questões morais "devem prevalecer sempre a publicidade e a verdade, não importam os motivos ou os objetivos. Claro que a perspectiva seria outra se a moral fosse considerada como subordinada à política" (ibidem, p. 15).

A moral subordinada à política sempre carregou trágicos exemplos para a humanidade, que vão dos massacres individuais a crianças famintas a segredos de Estado sobre construção de ogivas nucleares e sua localização.

Isso não quer dizer, contudo, que não exista espaço privado do indivíduo, mesmo que ele tenha uma dimensão pública. O próprio autor (ibidem, p. 110) observa: "A preservação dessa intimidade permite a existência de um espaço privado e individual, onde podem florescer novas ideias e novos hábitos, comportamentos e mentalidades ainda não aceitos no nível do conjunto, da sociedade, da coletividade".

Os preconceitos morais são constitutivos do próprio senso comum da sociedade, incluindo não apenas jornalistas e meios de comunicação, mas, igualmente, público, fontes e os próprios protagonistas de um acontecimento ou revelação, de certa forma "envergonhados" com a divulgação daquilo no qual participam ou temerosos de que não sejam compreendidos. É assim no âmbito da corrupção e saque aos cofres públicos, em que o medo às penalidades jurídicas está lado a lado com a repercussão social daqueles atos, incluindo o julgamento moral público. É assim, também, em relações pessoais conflituadas, cujo temor de revelação expressa o sentido de que a compreensão de determinado procedimento só pode ser alcançada por quem dele participou. Há sempre o medo de um julgamento, mesmo que seja o do vizinho do apartamento ao lado.

Com respeito aos fatos que têm alguma relação com a esfera pública, a existência da pluralidade de fontes, da diversidade e segmentação de veículos de comunicação, do controle social e público e da insubmissão aos interesses comerciais, políticos e econômicos sobre a informação permitiria esclarecer e tornar o cotidiano um protagonista permanente dos debates públicos e plurais em escala social significativa. Isso contribuiria para ampliar a compreensão sobre o mundo e, ao mesmo tempo, constituir um futuro com base nas possibilidades de participação plural dos indivíduos em conexão com os demais indivíduos.

Não é fácil definir conceitos como *intimidade, vida privada, esfera pública*. A casa de uma pessoa, por exemplo, é seu reduto mais íntimo, assim como sua família é formada, aparentemente, por quem a conhece mais intimamente e cria, com ela, relações afetivas mais próximas. Mesmo assim, nem todas as pessoas da mesma casa se conhecem tão bem e é, assim, que a surpresa com vidas familiares paralelas ou com a sonegação do salário de umas às outras implicando divergências quanto ao pagamento de um imposto, por exemplo, gera ações judiciais que ultrapassam o âmbito específico da intimidade para ser arbitradas por quem possui conhecimento acumulado sobre casos específicos dessa natureza e sobre eles emite uma decisão, ouvidas as partes e as testemunhas. Se fizermos uma comparação entre as testemunhas da possível esfera privada de um casal e o jornalismo como testemunha da esfera pública dos atos públicos de um cidadão, reconheceremos que são válidos, tanto jurídica quanto moralmente.

A complexidade do tema vai persistir e tende a se acentuar se não nos detivermos a uma discussão e análise permanentes sobre a vida privada e espaço público dessa vida. As novas tecnologias e seus desdobramentos na possibilidade de acesso à vida individual trazem consigo uma justa preocupação moral e ética. Até que ponto é possível, é necessário e razoável utilizá--las ilimitadamente?

Há muitas discussões e definições sobre o tema, e parte delas está abordada, inclusive historicamente, por vários autores referidos na Bibliografia.

A cada momento que se investiga um acontecimento, que se divulga uma declaração, que se edita um fato, está presente a decisão humana com base em critérios jornalísticos, que devem levar em conta a responsabilidade social, a exatidão e a pluralidade de fontes, versões e opiniões. Esse conflito é permanente. De acordo com Philip Meyer (1989, p. 144), a tarefa para os jornalistas "é encontrar incentivos para a reflexão calma e o julgamento não precipitado, que são tão poderosos quanto as pressões competitivas que os impelem na direção da publicação impensada. Muito depende dos tipos de pessoas que trabalham no negócio jornalístico e dos tipos de organização para os quais trabalham".

De fato, ampliar a noção ética da atividade jornalística e lutar politicamente pela ampliação da democracia na feitura da informação, gestão e controle é essencial para garantir um movimento político, ético e moral.

Lembrando que a revelação de "fatos privados e embaraçosos ou dolorosos causa intensa dor a alguns poucos", enquanto o benefício social é difuso e questionável, Meyer (1989, p. 134) pergunta: "Como você colocaria os pesos numa equação custo-benefício em que apenas uma pessoa pode suportar um custo intenso enquanto o benefício é espalhado sobre milhões e pode ser tão tênue a ponto de não ser notado?"

É claro que a relação custo-benefício é bastante complexa, e a forma de tratar do tema corresponde a uma lógica pragmática norte-americana. Mas tanto Meyer como outros autores se envolvem, em suas análises e dilemas, no conflito que se estabelece entre a obrigação moral de leitores e as fontes.

O jornalismo, que mostra a história humana em sua emergência nova e cotidiana, precisa mostrá-la em sua dimensão mais significativa, revelando radicalmente a moralidade social dispersa, mas expressa, muitas vezes, em preconceitos morais de fontes e do público. A pluralidade de meios e de fontes e a diversidade de interpretações e opiniões são essenciais para, num debate público proporcionado pela tecnologia contemporânea, tornar possível discutir o presente e projetar o futuro não apenas com os preconceitos do passado. Desse projeto participam tanto a revelação da alegria e da grandeza quanto a da dor e da mesquinharia humanas. Cotidianamente, ao jornalismo também cabe fazer isso, de modo que é indispensável um debate permanente e sucessivo sobre os limites do interesse público e os da privacidade do indivíduo, sem que isso signifique, ao mesmo tempo, censura, autocensura ou invasão da estrita privacidade. Os resultados disso só podem ser satisfatórios se o conjunto social de quem produz o mundo – e, portanto, os fatos nele inscritos – participar também da discussão sobre os meios que efetivam essa revelação imediata e global, na qual a informação jornalística ocupa o sujeito dessa condução. Tal como acenou Kosik (1985, p. 221), "a liberdade não é um estado; é uma atividade histórica que cria formas correspondentes de convivência humana, isto é, de espaço social".

DEFESA DOS VALORES UNIVERSAIS DO "HUMANISMO" *VERSUS* DEFESA DOS VALORES PARTICULARES CULTURAIS

> A palavra liberdade ficou tão na moda que no Uruguai se transformou em nome de um presídio.
>
> MÁRIO BENEDETTI [30]

OUTRO GRANDE PROBLEMA AXIOLÓGICO que envolve os códigos deontológicos é a contradição entre a defesa dos valores universais engendrados pela humanidade e a defesa do respeito aos valores válidos e reconhecidos pela particularidade cultural de nações, grupos sociais, indivíduos, com seus desdobramentos políticos, inclusive institucionais.

A ética não pode estar subordinada exclusivamente à cultura nem taticamente à política, tampouco a critérios pessoais. A única forma de ela se movimentar no campo dos valores, com um projeto de liberdade, é caminhar numa ponte em que, com mão dupla, a particularidade transite pela universalidade e vice-versa. Esconder o que se passa numa cultura ou esconder ações sociais com o objetivo de resguardar determinadas políticas é um eixo de condução teológica dos valores que se quer afirmar, evitando que passem a existir de acordo com a convicção interiorizada para torná-los realidade a partir das determinações apriorísticas da verdade.

Não é silenciando sobre as atrocidades cometidas pela repressão interna na China que os socialistas irão salvar o projeto do socialismo. É exatamente mostrando os problemas não considerados resolvidos em uma sociedade que se torna possível, com liberdade e participação pública, discutir e implementar o projeto de futuro. Também não é escondendo a repressão nos países capitalistas e suas várias formas de controle que os grandes meios irão esconder – apesar de muitas vezes tentarem – os graves problemas existentes nesses países, onde fome, doença e desconforto integram a vida de parcela significativa da sociedade.

Diariamente nos defrontamos com palavras como *liberdade, justiça, paz, felicidade, solidariedade, prazer*. Quando nos defrontamos com elas ou quando estamos diante de seu reconhecimento e as defendemos conceitualmente, estamos também deparando com valores, com algo que já soa como patrimônio a ser defendido pela humanidade e pelo qual deva valer a pena lutar e partilhar. Mas junto com essas palavras, trafegam concepções de mundo com as pessoas que as empregam, incluindo os jornalistas em sua atividade habitual. De certa forma, são valores que vemos ou vislumbramos em algum lugar ou momentos e aos quais queremos ter acesso ou a que outros também tenham. Ou então são valores que vemos caminhar de encontro àquilo que julgamos melhor, mais digno e que pode levar à nossa destruição ou à da própria espécie.

Assim, estes conceitos foram e são defendidos tanto por Madre Tereza de Calcutá quanto por Barack Obama, por Fernando Collor de Mello e por Luiz Inácio Lula da Silva, por Fidel Castro e por George W. Bush, por Fernando Henrique Cardoso e por Leonel Brizola, por Bill Clinton e por Saddam Hussein. São conceitos ardorosamente defendidos tanto pelos homens anônimos que tomam café nas esquinas quanto pelos policiais que entram atirando nas favelas do Rio de Janeiro. Os códigos de conduta, particulares, sempre têm justificativas para conformar o mundo de acordo com a esfera política e cultural em que nos movimentamos[31]. A participação política e ética particularista, no mundo, é a contracorrente à ética universal; é, de certa forma, a antiética com relação ao gênero que se afirma universal e humano.

A complexidade do *dever-ser* do jornalista é bastante nítida em muitos códigos. E os princípios e artigos se tornam, algumas vezes, ambiguidades e contradições cuja efetividade se perde no mar da subjetividade, na qual as interpretações e ações decorrentes podem ir para qualquer lado.

Vejamos alguns exemplos nos códigos:

UNESCO
[...]
Artigo 2º
[...]
3. Com vistas ao fortalecimento da paz e da compreensão internacional, da promoção dos direitos humanos e da luta contra o racismo, o *apartheid* e a incitação à guerra, os órgãos de informação, em todo o mundo, dada a função que lhes corresponde, contribuem para promover os direitos humanos, em particular fazendo ouvir a voz dos povos oprimidos, que lutam contra o colonialismo, o neocolonialismo, a ocupação estrangeira e todas as formas de discriminação racial e de opressão e que não podem expressar-se em seu próprio território.
[...]
Artigo 7º. Ao difundir mais amplamente toda a informação relativa aos objetivos e aos princípios universalmente aceitos, que constituem a base das resoluções aprovadas pelos diferentes órgãos das Nações Unidas, os meios de comunicação de massas contribuem eficazmente para reforçar a paz e a compreensão internacional, para a promoção dos direitos humanos e para o estabelecimento de uma nova ordem econômica internacional mais justa e equitativa.

CONTINUA ▶

CONTINUAÇÃO ▶

[...]
Artigo 10
[...]
4. Da mesma maneira, baseando-se na igualdade de direitos, na vantagem mútua e no respeito da diversidade das culturas, elementos do patrimônio comum da humanidade, é essencial que se estimulem e desenvolvam os intercâmbios de informações tanto bilaterais como multilaterais entre todos os Estados, em particular entre os que têm sistemas econômicos e sociais diferentes.

PIEPJ

[...]
Princípio VIII: *O respeito dos valores universais e da diversidade de culturas*
O jornalista íntegro é partidário dos valores universais do humanismo, sobretudo da paz, democracia, direitos humanos, progresso social e a libertação nacional, respeitando, ao mesmo tempo, o caráter original, o valor e a dignidade de cada cultura, como também o direito de cada povo a escolher e a desenvolver livremente seus sistemas políticos, sociais, econômicos e culturais. O jornalista participa, assim, ativamente da transformação social para alcançar uma maior democratização da sociedade e contribui, mediante o diálogo, a criar o clima de confiança nas relações internacionais, propício à paz e à justiça em todas as partes, à distensão, ao desarmamento e ao fomento nacional. Forma parte da ética profissional que o jornalista tenha em conta os estipulantes que venham ao caso, contidos nos convênios, declarações e resoluções internacionais.

> **CEJB**
> [...]
> Artigo 6º. É dever do jornalista:
> I) opor-se ao arbítrio, ao autoritarismo e à opressão, bem como defender os princípios expressos na Declaração Universal dos Direitos do Homem.
> [...]
> Artigo 11. O jornalista não pode divulgar informações:
> [...]
> II) de caráter mórbido, sensacionalista ou contrários aos valores humanos, especialmente em cobertura de crimes e acidentes.

Selecionamos trechos da Declaração da Unesco sobre os Meios de Comunicação, dos Princípios internacionais da ética profissional dos jornalistas (PIEPJ) e do Código de Ética do Jornalista Brasileiro (CEJB).

Ora, um rápido exame permite observar nítidos problemas no cumprimento dos códigos. Como contribuir para difundir os princípios universalmente aceitos ao mesmo tempo que se deve respeitar a diversidade de culturas, que incluem, em alguns casos, o flagelo em praça pública e o sofrimento individual decorrente? Como ser "partidário dos valores universais do humanismo" se o profissional deve, ao mesmo tempo, respeitar o "caráter original" de cada cultura, mesmo que ela ainda corte a mão do transgressor de acordo com alguma religião ou extirpe o clitóris em algum país? Como deve o jornalista defender os princípios expressos na *Declaração Universal dos Direitos Humanos* e, simultaneamente, censurar fatos contrários aos "valores humanos" se estes podem ser, para alguns, a defesa da honra com base na violência física e, para outros, a condenação de qualquer violência física?

Não é possível que "alguns jornalismos" utilizem a censura com base na particularidade cultural, e outros divulguem os fatos dessa particularidade com base na universalidade que devem defender. Assim, se a Declaração da Unesco propõe aos profissionais abrir espaço para aqueles que não podem manifestar-se em seu próprio território, poderá, simultaneamente, estar infringindo o código, já que deve respeitar essa cultura que internamente, seja por motivos comportamentais ou políticos, exclui aqueles a quem se deveria dar voz.

O oceano de subjetividades está repleto de ondas de interpretações. Elas podem variar ao sabor do vento... ou do arbítrio de quem tem o poder político e econômico.

Nesse sentido, é necessário um contraponto às visões particularistas travestidas de universais, que o capitalismo engendrou, o socialismo real defendeu e as sociedades menos complexas *teologizam*. É importante vincular as concepções filosóficas à ação cotidiana como sujeitos que disputam a hegemonia ao redor de um campo que constitua valores efetivamente universais, tanto no próprio Estado quanto no cotidiano dos indivíduos.

Talvez seja possível constituir um caminho que permita à humanidade dirigir-se à eliminação da dominação, da fome, da subnutrição, do desemprego, do perigo da guerra nuclear, dos conflitos individuais, da impossibilidade de acesso à arte e à cultura, de ampliação do espaço do indivíduo em conexão com o espaço dos demais. O compromisso do jornalismo, nesse sentido, é mais universal. É mostrar a própria ambiguidade dos gestos e expressões humanas, e fazê-lo radicalmente, incluindo fatos e versões diferenciadas, permitindo acesso ao desdobramento geral do cotidiano em sua maior abrangência e pluralidade que a rapidez, clareza, concisão e tecnologia permitam. Para isso, o jornalista pode lutar, também, para remover as barreiras políticas, econômicas, sociais e culturais que tentam impedir a informação em nome de seus aparentes interesses universais, efetivamente particulares.

Assim, é conveniente que conceitos como *particularidade* e *universalidade* sejam discutidos junto com o conteúdo normativo dos códigos jornalísticos. É necessária uma simultânea conexão desses conceitos com a afirmação dos sujeitos sociais e do profissional jornalista com relação à consciência e à intervenção política. Essa é a possibilidade de a teoria não ser somente um apêndice da prática. Um apêndice que, não possuindo nenhuma chance *particular* de afirmar *espontaneamente* seus conceitos, acabe assumindo o particularismo dos vagos e imprecisos conceitos de paz e justiça que o ritmo da produção simbólica capitalista impõe como *universais*. Ou assuma, em outra dimensão, essa significação com a efetividade política das sofisticadas formas de controle na relação entre os indivíduos que nos encaminham ao passado ou que, de vez, constitua o campo propício para fertilizar a chamada "razão cínica"[32]. Não é possível – ou ao menos não se deve – contribuir para disseminar a ingenuidade segundo a qual podemos nascer, crescer e nos relacionar como se o mundo em movimento, as pessoas, os meios de comunicação, a esfera pública e a vida privada não estivessem carregados, em cada momento, daquilo que até hoje produzimos como gênero.

Enfim, o que seria mesmo a Humanidade, sem os significados que ela erigiu? O que é mesmo o gênero humano, sem as relações que construiu e o diferenciam da animalidade pura ou do ente genérico Natureza[33]? O que é mesmo o homem, sem a Razão que possibilitou a emoção, os sentimentos, as paixões, a noção mesmo de existência[34]?

Foi o homem, afinal, que constituiu sentimentos que o engrandeceram, como a perda e a presença, a distância e o companheirismo, a saudade – a racionalização consciente daquilo que nos faz falta (nesse sentido "matar a saudade" é a consecução afetiva de um desejo produzido por nossos sentidos, que envolvem a dor da distância, a possibilidade da perda, a noção de finitude e de não poder ficar mais ao lado do objeto da saudade). Assim é a razão humana, mediada pelo conjunto de expressões que se traduzem em verbalizações, imagens, memórias, sentimentos, paixões, sentido físico e soam como patrimônio a ser defendido *universalmente*.

O jornalismo deve mostrar tudo isso – tanto aquilo que "humaniza" quanto aquilo que "desumaniza" o homem, tanto a singularidade do movimento cotidiano dos indivíduos quanto os comportamentos particulares dos grupos e culturas e a conexão universal entre cada indivíduo e grupo com a totalidade social. Assim, o jornalismo contribui, radicalmente, para a constituição da realização humana de si mesmo, num projeto que não tem futuro apriorístico já dado, mas no qual ele intervém moralmente ao possibilitar a participação pública dos sujeitos individuais, ao se apropriar do movimento cotidiano da humanidade para engendrar um projeto de futuro relacionado ao dos demais indivíduos que o acompanham cotidianamente na aventura humana. O sentido do jornalismo só existe se os jornalistas derem um sentido a ele, e se a sociedade participar da atribuição desse sentido, que deve estar acima da particularidade dos vários interesses, empresariais ou pessoais, de profissionais ou fontes de informação. Assim, o jornalismo contribui para realizar o infindável processo de autoconstrução e autorrealização humanas, tal como o filósofo Karel Kosik (1985, p. 217) apontou:

> O que o homem realiza na história? O progresso da liberdade? O plano da providência? A marcha da necessidade? Na história o homem realiza a si mesmo. Não apenas o homem *não sabe* quem é, antes da história e independentemente da história; mas só na história o homem *existe*. O homem se realiza, isto é, se humaniza na história.
>
> [...] O sentido da história está na própria história: na história o homem se explicita a si mesmo, e este explicitamento histórico – o que equivale à criação do homem e da humanidade – é o único sentido da história.

Contudo, se o homem se realiza e se explicita na história, a história humana pode ir para qualquer lado, inclusive para sua "des-historicização". O homem pode redefinir todos os sentidos de sua vida, e eles podem ser redefinidos incluindo os de bem e mal, de particularidade e universalidade.

A cristalização do dever-ser do jornalista ao redor de normas deontológicas e princípios éticos só pode ser validada na medida em que se constitua o campo epistemológico ao qual se circunscreve o jornalismo. A especificidade da profissão, incluindo o *compromisso social* com quem produz a história (obviamente toda a humanidade), deve ser resgatada em sua dimensão mais grandiosa, contemporaneamente, para dar sentido político, ético e moral à atividade. O maior número possível de informações, no maior número possível de veículos, com a maior densidade possível de controle social, é um princípio bastante razoável para permitir o maior número possível de fatos em suas sucessivas e diferenciadas versões, interpretações, opiniões. Isso significa que o jornalismo precisa ter uma conexão com a totalidade social como atividade e, ao mesmo tempo, refletir a diversidade das muitas particularidades sociais que se expressam cotidianamente. Mas isso significa, também, que ele precisa constituir um campo de reconhecimento de sua importância epistemológica para a autoprodução humana e de que esse campo precisa ter conexão com a universalidade humana.

Portanto, dada sua importância a todos os que produzem a história, o jornalismo não pode submeter-se às várias particularidades sociais com seus interesses específicos, embora deva refleti-los, como aos demais. Porém, nesse sentido, reconhecer a universalidade é reconhecer que ela é benigna socialmente para a autoprodução humana e que os diversos valores sociais não podem ser escondidos, tanto para que possamos conhecê-los, aderir a eles ou criticá-los.

Nesse processo, cada indivíduo amplia sua singularidade com o conhecimento da singularidade dos demais, amplia sua particularidade com o conhecimento da particularidade dos outros, constitui a universalidade humana ao redor de acordos, consensos ou negação das singularidades e particularidades. Assim, a constituição da *benignidade* significa a construção de valores que se considerem bons para toda a humanidade. Significa que a formação de sujeitos cada vez mais conscientes e partícipes de seu mundo implica o acesso ao todo social que está sendo produzido dia após dia. E participar disso permite, potencialmente, intervir na constituição de uma essência universal a todos os homens, num processo indeterminado *a priori* mas em cujo projeto aqueles que não queiram ser somente objeto, mas também sujeitos, devem incluir-se. O jornalismo permite, potencialmente, esse acesso ao imediatismo no qual cada sujeito está se construindo e construindo a todos os demais. Há, nisso, uma relação profundamente moral e ética com os outros indivíduos e com a totalidade da produção humana. É por isso que o jornalismo, tal como a humanidade para Denis Rosenfield (1988, p. 55), "deve elevar-se à moralidade e buscar seu dever-ser".

Seja qual for o futuro humano, parece-nos que essa escolha deve ser resultado da opção dos sujeitos individuais, inseridos nas particularidades sociais em conexão com a universalidade de seu gênero. As múltiplas, diversas e sucessivas produções humanas em todas as áreas, em seus desdobramentos políticos, culturais, econômicos, enfim, históricos, devem ser apropriadas pela totalidade humana para que o resultado dessa apropriação, engendrando novas produções, permita a escolha do futuro com base na liberdade de escolha dos indivíduos em compromisso com os outros indivíduos. Nesse sentido, em escala global e imediata, o jornalismo permite, contemporânea e *potencialmente*, esse acesso e essa participação. E a participação não pode excluir, por meio de normas deontológicas, fatos e opiniões, mesmo que estes sejam arbitrários, desconexos e particulares. Desde que, é claro, os não arbitrários, conectados socialmente e universalizados estejam também presentes. *O fundamento epistemológico para o jornalismo implica que, se há impedimento para essa realização, são as barreiras políticas, econômicas e sociais que devem ser ultrapassadas, e não o jornalismo com sua fundamentação.*

A participação consciente no mundo significa que os homens precisam desalienar-se diante do cotidiano que constroem. Aos jornalistas cabe também uma árdua, mas incontornável tarefa: a de desalienar-se diante dos códigos, tanto para compreendê-los em seus fundamentos quanto para, possivelmente, criticá-los em suas premissas. De qualquer forma, desalienação significa também a possibilidade de criação. E criar significa, também, romper com aspectos e comportamentos do presente para construir algo que *ainda não é*. E isso se contrapõe, de modo radical, à aceitação inconteste de qualquer valor cultural absoluto ou ao impedimento de acesso a ele.

CLÁUSULA DE CONSCIÊNCIA

EM ALGUNS CÓDIGOS DE ética jornalística, em vários países, existe o que se convencionou chamar "cláusula de consciência". De forma geral, significa que os profissionais podem recusar-se a fazer matérias, realizar coberturas ou ser obrigados a cumprir normas editoriais que, por questões explícitas ou implícitas, sejam contrárias às suas convicções interiores.

Embora seja louvável a preocupação com a defesa e a proteção da liberdade profissional e o respeito às convicções pessoais do jornalista, o tema é bastante complexo, polêmico e ambíguo. A interpretação subjetiva das contradições ou dúvidas deixadas pelos códigos pode ir para qualquer lado. Assim, a cláusula de consciência pode servir tanto para proteger a informação quanto para escondê-la, com base no julgamento subjetivo submetido à exclusividade da consciência pessoal. Ao mesmo tempo, a consciência pessoal, resultado da carga social moral refletida também na consciência do jornalista, pode variar de acordo com o tempo, o lugar, o momento, a circunstância.

Por essa abordagem teríamos, necessariamente, uma teoria e ética jornalísticas não comprometidas com a importância contemporânea da atividade e de sua especificidade, mas, de certa forma, várias teorias e éticas particularizadas no âmbito da individualidade, da cultura, da região geográfica e assim por diante. Assim, parece-nos impossível situar a importância contemporânea do jornalismo e dar a este uma dimensão ética, política e histórica universalizada. Ele se torna, a rigor, um apêndice das circunstâncias. Vejamos alguns princípios:

UNESCO

[...]

Artigo 2º

[...]

2. O acesso do público à informação deve garantir-se mediante a diversidade das fontes e dos meios de informação de que disponha, permitindo assim a cada pessoa verificar a exatidão dos fatos e fundamentar objetivamente sua opinião sobre os acontecimentos. Para este fim, os jornalistas devem ter a liberdade de informar e as maiores facilidades possíveis de acesso à informação. Igualmente os meios de comunicação devem responder às preocupações dos povos e dos indivíduos, favorecendo assim a participação do público na elaboração da informação. [...]

[...]

Artigo 10

[...]

2. É importante que se estimule uma circulação livre, uma difusão mais ampla e mais equilibrada da informação.

PIEPJ

[...]

Princípio III: *A responsabilidade social do jornalista*

No jornalismo, a informação é compreendida como bem social e não como mercadoria, o que implica que o jornalista compartilhe a responsabilidade pela informação divulgada e, portanto, seja responsável não só diante dos que controlam os meios de informação, mas também diante do público em geral e seus diversos interesses sociais. A responsabilidade social do jornalista exige que atue, sob qualquer circunstância, em conformidade com sua consciência pessoal.

CLAEJ

Artigo 3º

Em seu trabalho profissional, o jornalista adotará os princípios da verdade e da equanimidade, e faltará à ética quando silenciar, falsear ou tergiversar sobre os fatos; proporcionará ao público informação sobre o contexto dos acontecimentos e sobre as opiniões que sobre eles se emitam, a fim de que o receptor da notícia possa interpretar a origem e perspectiva dos fatos. Na difusão de ideias e opiniões, o jornalista preconizará as condições para que elas possam expressar-se democraticamente e não sejam restringidas por interesses comerciais, publicitários ou de outra natureza. [...]

Artigo 6º
São ações violatórias da ética profissional:
[...]
– a omissão de informação de interesse coletivo.

CEJB
[...]
Artigo 6º. É dever do jornalista:
[...]
II) divulgar os fatos e as informações de interesse público;
[...]
Artigo 7º. O jornalista não pode:
[...]
III) impedir a manifestação de opiniões divergentes ou o livre debate de ideias;

CONTINUA ▶

Artigo 13. A cláusula de consciência é um direito do jornalista, podendo o profissional se recusar a executar quaisquer tarefas em desacordo com os princípios deste Código de Ética ou que agridem as suas convicções.

Parágrafo único. Esta disposição não pode ser usada como argumento, motivo ou desculpa para que o jornalista deixe de ouvir pessoas com opiniões divergentes das suas.

DECLARAÇÃO DE MUNIQUE (DM)[35]

Declaração de deveres

Os direitos essenciais dos jornalistas ao colher, relatar e comentar fatos consistem em:

1) respeitar a verdade apesar das consequências que isso possa trazer para si, porque o direito do público é saber a verdade. [...]

Declaração de direitos

[...]

3) O jornalista não pode ser forçado a cumprir tarefa ou transmitir opinião contrária a suas convicções ou à sua consciência.

EL PAÍS [36]

[...]

Artículo 5. La Redacción de *El País* se atiene a los principios enumerados en este Estatuto. El cambio sustancial de la línea ideológica de *El País*, puesto de manifiesto por actos reiterados, será motivo para que el miembro de la Redacción que se considere afectado en su libertad, honor o independencia profesional pueda, sin preaviso, invocar cláusula de conciencia e, en su caso, dar por resuelta o extinguida su relación laboral.

[...]

CONTINUAÇÃO ▶

> Igualmente podrá alegarse la cláusula de conciencia, con los efectos jurídicos de ella derivados regulados en los párrafos anteriores, cuando a lalgún miembro de la Redacción se le imponga la realización de algún trabajo que el mismo considere que vulnera los principios ideológicos y violenta su conciencia profesional.

Nesse breve balanço, é possível verificar que códigos e princípios defendem, é claro, a liberdade de informação e o direito público a saber, ao mesmo tempo que tentam proteger o trabalho do profissional. Contudo, não há como fugir de algumas contradições espelhadas neles.

Assim, por exemplo, se os *Princípios internacionais da ética profissional dos jornalistas* entendem que o profissional é responsável também "diante do público em geral e seus *diversos interesses sociais*" (grifo nosso), não vemos como o jornalista deverá atuar, "sob qualquer circunstância, em conformidade com sua *consciência pessoal*" (grifo nosso). A não ser que a "consciência pessoal" coincida com os "diversos interesses sociais", o arbítrio da consciência imporá a ética jornalística prevalecente na circunstância. Simultaneamente, se os interesses sociais são vários, de alguma forma eles refletem diversidade de consciência, o que nunca poderá coincidir com uma única consciência pessoal, a não ser que esta, em sua interioridade, projetada como atos – incluindo os refletidos na informação jornalística –, sejam várias. Se for assim, há o reconhecimento de que pela consciência pessoal do jornalista transitam várias consciências sociais e, nesse caso, a pessoalidade da consciência acaba refletindo, de certa forma, a diversidade de juízos morais e de concepções de mundo que se expressam na singularidade individual do profissional. Assim, parece-nos que uma consciência é, simultaneamente, pessoal e social. Em outras palavras, nunca é estritamente pessoal, já que o profissional não está afastado do mundo e da diversidade de morais que este expressa em seu cotidiano.

O arbítrio segue adiante e, na *Declaração de Munique*, chega a requintes esplendorosos. Se o profissional deve "respeitar a verdade apesar das consequências que isso possa trazer para si, porque o direito do público é saber a verdade", como "não poderá ser forçado a cumprir tarefa ou transmitir opinião contrária a suas convicções ou à sua consciência"? Pelo que depreendemos da segunda afirmação, se um líder sindical der uma declaração a favor de uma greve, mas o jornalista for contra, deverá exercer o papel de censor, uma vez que sua consciência acha que a greve poderá causar problemas sociais e isso, de acordo com a consciência do jornalista, é moralmente ruim. E então, como a opinião da fonte é contrária à do jornalista, não haverá nenhum problema em não transmitir a opinião do entrevistado... Mas então a primeira afirmação ficará nitidamente prejudicada, já que o direito do público é saber a verdade, independentemente dos prejuízos que isso possa causar ao profissional. Assim, mais uma vez, os códigos navegam ao sabor dos ventos, e quem tiver mais força para soprá-los os empurrará para o lado mais adequado, que pode chamar-se de interesse comercial, político ou "consciência pessoal", "convicção íntima" e por aí adiante.

Da mesma forma, se os princípios internacionais da ética profissional – aos quais teoricamente devem aderir profissionais de todo o mundo – estabelecem que a consciência pessoal deve dar as diretrizes da informação jornalística, isso vale também para os profissionais da América Latina, embora tanto nos princípios quanto no código latino-americano de ética jornalística se fale bastante em interesse coletivo da informação, interesse público ou em fatos de relevância social. No latino-americano, por exemplo, é condenável "a omissão de informação de interesse coletivo". Isso viola a ética profissional, de acordo com o código.

O Estatuto da redação do jornal *El País*, de Madri, vai na mesma direção. Embora seja elogiável a preocupação com a proteção informativa e com a formação de um respeito crescente ao papel profissional do jornalista, os princípios estabelecidos ali não fogem ao arbítrio e à margem de subjetividade da consciência que se abrem com eles. Tanto a "consciência profissional" como os "princípios ideológicos" podem ir para qualquer lado, dependendo de as concepções do profissional serem "conservadoras", "progressistas", "de direita" ou "de esquerda". Assim, muitas vezes o "interesse público" ou "interesse coletivo" expresso pela consciência pode ser tanto uno e indivisível quanto vários e diversos. Dependendo do profissional, se for a favor do governo e achar que alguma medida governamental possa ser favorável ao bem comum, aqueles que discordarem da posição oficial poderão ser removidos como fontes. A Central Única dos Trabalhadores pode, simplesmente, ser excluída como instância de representação social e como fonte de informação para, em seu lugar, entrar a Força Sindical e sua posição mais coincidente com a do jornalista, com a do governo e com a do "interesse público". Mesmo que a intenção posta nos códigos seja exatamente proteger a informação e a diversidade de fontes, a subjetividade da consciência e sua justificativa legal podem levar a informação jornalística para qualquer rumo. Sem uma teoria e uma ética da atividade jornalística, amparadas num estatuto de universalidade humana, a particularidade da consciência pessoal pode "coincidir", sempre que "necessário", com o interesse "público" ou "coletivo".

Portanto, a ambiguidade da consciência e dos diversos interesses sociais refletidos nela pode fazer com que o profissional, com a lei no bolso ou o código debaixo do braço, com uma interpretação "pessoal", deixe de relatar um fato de grande relevância social. Poderá, por exemplo, omitir uma tortura policial, por considerá-la necessária à correção dos descaminhos sociais de um indivíduo e, com isso, argumentar que está contribuindo para o desenvolvimento do país. Saímos, enfim, dos interesses comerciais, empresariais, financeiros e políticos das empresas para cairmos, então, na verdade individual do profissional.

A manobra, agora, mudou de lado, e o sinal é apenas em sentido contrário, com o mesmo conteúdo. No *parágrafo único* do item relativo à *cláusula de consciência* no novo CEJB (2007) – já que o anterior não situava especificamente a temática –, parece que o caminho está apontado, consolidando e preservando o *ethos* e a cultura profissional: ela não pode ser invocada como desculpa, argumento ou motivo para impedir a diversidade de opiniões. Parece que esse caminho, apontado pelo código dos profissionais brasileiros, situa o compromisso do jornalista com seu ofício, mais universal e controverso do que uma consciência individual – embora, claro, esta possa ser um parâmetro em muitos dilemas e conflitos internos vividos no exercício da atividade. No entanto, é importante reiterar que a simples consciência individual ou pessoal pode ser um atalho para o arbítrio.

Talvez por isso Thompson (1981, p. 199) tenha lembrado:

> As razões da Razão, desembaraçadas da consciência moral, se tornam, sem demora, as razões do interesse, e em seguida as razões do Estado, e daí, numa progressão incontestada, as racionalizações do oportunismo, da brutalidade e do crime.
>
> Não há, nem pode haver nunca, uma moral "natural", nem "fins naturais". Certamente o materialismo histórico e cultural jamais as encontrou. Os fins são escolhidos pela nossa cultura, que nos proporciona, ao mesmo tempo, nosso próprio meio de escolher e de influir nessa escolha. Pensar de outra maneira seria supor que nossas "necessidades" estão *ali*, nalgum ponto fora de nós mesmos e de nossa cultura, e que se a ideologia fosse embora a razão as identificaria imediatamente.

Entender que a pluralidade de fontes e as concepções de mundo controversas estão expressas nos fatos e em suas versões é um caminho imprescindível para fazer do jornalismo a caixa de ressonância imediata e global da multiplicidade de mundos com sua diversidade social e de "consciência"... e de "ideologia". E o jornalista, assim como o dono do meio de comunicação, não pode ser o juiz do mundo, o árbitro moral do movimento controverso da realidade cotidiana.

A consciência profissional do jornalista deve, isto sim, ter em conta a dimensão pública de sua atividade, com as consequências sociais que traz, com a responsabilidade que exige, com a *obrigatoriedade* de revelação de acontecimentos independentemente da posição pessoal. Isso seria *consciência* de sua atividade profissional e da ética específica – não particularista – que carrega. Assim, a consciência de que o ato individual do profissional deve levar em conta a existência de outros indivíduos que dependem dele pode levar à consciência de que existem uma autonomia e uma especificidade ética no jornalismo. Portanto, o profissional não pode condicionar os fatos e versões à sua consciência pessoal, assim como as fontes, o público, o governo, o Estado, os proprietários dos meios não devem fazer com que os fatos e sua diversidade de interpretações se submetam à particularidade de seus interesses ou daquilo que acham que deve ser o jornalismo. Apontar nessa direção, com a convergência e divergência de consciências, no espaço público da mídia, é um caminho indispensável para apontar a própria direção da liberdade e da consecução de um presente e futuro realizados pelo conjunto de participantes da totalidade social.

A própria existência de códigos e princípios escritos *sobre* o jornalismo e *para* o jornalista mostra que a consciência não reconhece "naturalmente" o que deve fazer em cada circunstância e em cada momento do exercício profissional. Se a consciência pessoal soubesse disso e todos soubessem o que fazer moralmente a respeito da informação jornalística, seriam desnecessários os artigos, parágrafos e incisos tentando convencer os profissionais de que "informação não é mercadoria", que há necessidade de "sigilo de fontes", que a divulgação dos fatos deve obedecer ao "interesse público", que "a obstrução da informação é um delito contra a sociedade", que é preciso "respeitar a verdade", que o jornalista não deve "silenciar, falsear ou tergiversar sobre os fatos" e aí por diante. São centenas ou milhares de princípios morais escritos, mais ou menos para dizer o que o jornalista pode ou não fazer profissionalmente, o que deve ou não orientá-lo.

MÉTODOS LÍCITOS *VERSUS* MÉTODOS ILÍCITOS
NA OBTENÇÃO DA INFORMAÇÃO

OUTRO TEMA BASTANTE CONTROVERSO no jornalismo é a obtenção de informações por meio de métodos considerados ilícitos, objeto de preocupação em muitos códigos. No levantamento feito por Barroso Asenjo (1985, p. 191), "utilizar solamente justos y honestos medios de obtener noticias, fotografías y documentos" aparece em 30% dos códigos de jornalistas de vários países.

Há uma margem de subjetividade no julgamento do que seja um método ilícito em comparação com a necessidade do público de receber uma informação imparcial e idônea, com diversidade de fontes e de interpretações.

Eventualmente, jornalistas têm-se apresentado como cidadãos de outras profissões, com o objetivo de investigar aspectos que, do ponto de vista da abrangência social e significado humano, são relevantes e interessam a muita gente. Assim, às vezes há gravações e fotografias obtidas clandestinamente ou, mesmo, há alteração de identidade para revelação de fatos que, de outra forma, não seriam de conhecimento do público prejudicado por eles.

Há dúvidas sobre tal comportamento, mas também há perguntas. A realidade transparece fulgurante pela informação das fontes oficiais? O jornalismo deveria limitar-se às declarações das fontes? É necessário desconfiar da palavra das fontes? Seria pertinente ouvir várias e desconfiar de todas, ou fazer um mosaico de versões às quais seriam anexados documentos e imagens? Ou, junto com as declarações de fontes, seria imprescindível, em muitos casos, entrar no campo da investigação documental? E, nesse caso, quem forneceria os dados ou documentos? Um funcionário de algum organismo que manteria sigilo, conforme prevê a maioria dos códigos?

Há muitas indagações a fazer nesse sentido. A dimensão pública do jornalismo exige que, na informação, estejam presentes a pluralidade de versões e a maior transparência possível da realidade, mediada pelo profissional. No entanto, *pluralidade de versões* significa, por princípio, que pessoas têm concepções, valores e opiniões diversos e, junto com essa diversidade, caminham a ideologia e os interesses particulares, expressos nas declarações, nos documentos, nas fotografias e no *in off*. Contudo, a informação jornalística, para ser exata, imparcial e ter responsabilidade social, precisa ir além de poucas declarações ou documentos parciais para revelar publicamente aquilo que atinge o público em sua cotidianidade.

Muitas vezes, a insistência do profissional, considerada por fontes como invasão, pode ser tida como indispensável para proteger a cidadania e garantir que o público diverso não seja logrado somente pelas declarações oficiais ou submetidas ao interesse particularizado de empresas, governo, organismos públicos e privados, ou ao interesse pessoal no caso de assunto de menor abrangência, mas com relevância social. De certa forma, podemos dizer que as fontes podem não ser éticas, por tentarem esconder, em muitos casos, informações de interesse geral da sociedade e que, não reveladas, podem causar danos ao cidadão em seu dia a dia. No entanto, a responsabilidade do jornalista com a informação e com a mediação da realidade é maior do que a da fonte ou a de um cidadão não diretamente ligado ao universo cotidiano do jornalismo. É natural que assim seja em cada atividade, já que a compreensão de uma profissão e de seu significado social transparece mais a quem está vivenciando diariamente o universo específico profissional.

Por isso, o jornalista pode, simultaneamente, ser considerado um invasor da privacidade alheia ou um chato insistente se metendo em assuntos particulares e, na mesma circunstância, ser considerado um profissional de extraordinárias qualidades, ganhar prêmios Esso e, assim, obter o reconhecimento social pelo papel fundamental que teve ao denunciar um desvio de verbas públicas que prejudicaria saúde, alimentação, educação e previdência para todo um segmento significativo da população do país. Em muitos casos, se olharmos bem no centro da produção de seu trabalho, veremos o emprego de métodos pouco claros para a obtenção dessas informações, que vão, hipoteticamente, da gravação de telefonemas de um ministro, por exemplo, à fotografia de uma articulação clandestina entre narcotráfico e governo, entre máfia e Igreja.

Nesse sentido, fica de novo a pergunta: os fins justificam os meios? Mas isso, submetido à ética individual, acaba tornando-se um pêndulo que balançará não de acordo com o tempo, mas de acordo com quem tiver mais força para puxá-lo para seu lado. Afinal, o interesse público pode significar tanto a revelação de torturas e maus-tratos em presídios ou hospitais psiquiátricos quanto ocultação de torturas de um regime militar sob a justificativa de que as pessoas precisam confessar onde se realizam as reuniões sigilosas que contrariam a ordem do Estado e, portanto, contrariam o interesse público. E, nesse caso, os métodos ilícitos acabam por ser considerados lícitos. E, como consequência, essa justificativa da licitude acaba por se tornar, em alguns casos, as razões do Estado em invadir residências particulares, grampear telefones, pôr minigravadores ou câmeras fotográficas no espaço privado do indivíduo. Como resolver isso?

É preciso tratar disso como um processo no qual, por exemplo, a teoria e a ampliação dos níveis de democracia plural e participativa ampliariam a própria noção sobre a atividade jornalística e as outras atividades. Isso significa que a informação diversa, plural e contraditória precisa ser transparente e que as barreiras políticas e ideológicas devem ser removidas para que tenhamos, simultaneamente, variedade de proprietários nos meios de comunicação, segmentação de veículos na mídia impressa e eletrônica e controle de meios pela representação da sociedade civil, incluindo conselhos editoriais e de redação. É a melhor forma de sermos fiscais de nós mesmos. Portanto, políticas públicas para a informação, com acesso indistinto, discussão e controle/participação sociais sobre ela, são caminhos que contribuem, significativamente, para a realização da liberdade informativa e da responsabilidade consequente em sua aplicação, sem esgotá-la.

Enfim, a generalidade da moral pública abraça todas as atividades, embora, muitas vezes, na prática, as morais particulares sejam chamadas de *públicas*. Ou, então, o julgamento moral, severo com os outros, não coincida com a própria autocrítica moral aos comportamentos éticos condenáveis socialmente, mas aceitos na intimidade do indivíduo, sob justificativas bastante pessoais e pouco transparentes.

Vejamos o que dizem alguns códigos sobre a obtenção da informação jornalística:

CEJB
[...]
Art. 1º.
V) a obstrução direta ou indireta à livre divulgação da informação, a aplicação de censura e indução à autocensura são delitos contra a sociedade, devendo ser denunciadas à comissão de ética competente, garantido o sigilo do denunciante.
[...]

Artigo 4º. O compromisso fundamental do jornalista é com a verdade no relato dos fatos, razão pela qual ele deve pautar seu trabalho pela precisa apuração e pela sua correta divulgação.
[...]

CONTINUA ▶

CONTINUAÇÃO ▶

Artigo 6º. É dever do jornalista:
[...]
II) divulgar os fatos e as informações de interesse público.

Art. 11. O jornalista não pode divulgar informações:
[...]
III) obtidas de maneira inadequada, por exemplo, com o uso de identidades falsas, câmeras escondidas ou microfones ocultos, salvo em casos de incontestável interesse público e quando esgotadas todas as outras possibilidades de apuração.

DINAMARCA (REGRAS DO BOM JORNALISMO/COMISSÃO DINAMARQUESA PARA A IMPRENSA)[37]
A. Notícias corretas
[...]
2. A atitude do jornalista com relação às fontes de informação deve ser crítica, particularmente se as declarações e afirmações forem possíveis de ser desviadas por interesses pessoais ou na intenção de prejudicar alguém.

FINLÂNDIA (NORMAS PARA A BOA PRÁTICA JORNALÍSTICA/FEDERAÇÃO DOS JORNALISTAS DA FINLÂNDIA)[38]
O levantamento da informação:
[...]
6. A informação deve ser obtida abertamente e por meios honestos.

Só se deve lançar mão de métodos excepcionais para obter fotografias caso uma informação de transcendental importância não possa ser conseguida pelos meios normais.

> **FIJ (DECLARAÇÃO DE PRINCÍPIOS SOBRE A CONDUTA DOS JORNALISTAS/ FEDERAÇÃO INTERNACIONAL DOS JORNALISTAS)[39]**
> 1. Respeito à verdade e ao direito do público à verdade é o primeiro compromisso do jornalista.
> [...]
> 4. O jornalista deve usar somente métodos idôneos para obter notícias, fotografias e documentos.

Se observarmos os princípios contidos nos códigos, poderemos depreender as dificuldades em conciliar, radicalmente, a transparência dos fatos e da necessidade de sua revelação pública com a submissão inconteste aos métodos lícitos ou idôneos. Também, como enfatiza o Código dos Jornalistas Brasileiros, se todos os fatos de interesse público devem ser divulgados e se a obstrução direta ou indireta da informação é um delito praticado contra a sociedade, supõe-se que há legitimidade em ultrapassar os limites das declarações oficiais, os limites físicos dos prédios que abrigam documentos secretos de relevância social, os limites das conversas entre quatro paredes entre ministros sobre verbas públicas. Há sempre uma justificativa "pública" para o interesse pessoal. Há sempre uma justificativa "pública", também das fontes, para esconder informação. Há sempre uma justificativa "pública" para a ultrapassagem de qualquer limite na obtenção da informação jornalística. Mesmo conceitos como *bom-senso, responsabilidade social* e *compromisso com o público*, por exemplo, podem ser angulados de acordo com as prévias concepções morais (que trafegam ideologia) de profissionais, donos de empresas, anunciantes, fontes, público e leitores.

Por isso, muitas vezes, há revelações em notícias e reportagens logo seguidas de alentados dossiês ou livros publicados por jornalistas mostrando problemas na informação jornalística original de seus veículos e ampliando as informações anteriores[40].

A clandestinidade para obter informações não é exclusiva do jornalismo. Ela é usada na espionagem, na polícia, nas ciências sociais, no direito, como já demonstraram, entre outros, Philip Meyer (1989) e Curtis D. MacDougall (apud Hulteng, 1990).

Em minucioso estudo, Eduardo Novoa Monreal (1979) adverte, no entanto, que o desenvolvimento tecnológico acentua os riscos de, sob qualquer justificativa, não haver mais espaço de privacidade, sofrendo esta o perigo de ser um refém nas mãos de pressões e chantagens. Há, tecnologicamente, a possibilidade de revelação de fatos que as fontes pretendem esconder. Mas, simultaneamente, os riscos são enormes se não houver uma dimensão ética da atividade ancorada em uma teoria jornalística que inclua uma teoria ética sobre a atividade. É preciso, ainda, que ela vá além de artigos para tornar-se um movimento progressivo de interiorização de valores.

Outro estudioso já referido, João Almino (1986) alerta para as possibilidades que se abrem também com as novas tecnologias na manutenção e controle restritos de informação de interesse geral. Nesse sentido, o papel do jornalista e a necessidade de informação jornalística com relevância social ou interesse público acabam por exigir uma investigação ou intrusão além dessa restrição. Salienta, contudo, que a informática não vai alterar a questão "ético-política do segredo", mas realça o problema e, assim como permite maior acúmulo de informações, ela também produz o segredo na esfera pública.

Por isso, a consciência ética, política e ideológica continua a nortear o movimento do indivíduo no seu dia a dia. E, por isso, a teorização ética sobre uma atividade é fundamental para situar o profissional diante dos embates que se apresentam à sua frente.

João Almino adverte, contudo, que mais informação não significa necessariamente maior esclarecimento e, portanto, mais cidadania. Mesmo sem considerar a importância da massa de informações que os meios colocam à disposição diariamente, o autor observa que às vezes pode haver excesso de informação sobre um aspecto, desconsiderando informações sobre outros. Ou mesmo porque, no âmbito do uso da tecnologia, o acesso ou sua utilização podem ficar restritos.

Assim, junto com a tecnologia, deve ser permitido o acesso a ela. Junto com a pluralidade de fontes, devem ser democratizados o acesso aos meios e o controle social sobre eles. Isso só aumenta a responsabilidade social do jornalista pelas sucessivas produções de conhecimento e de ampliação ou redução de poder que isso gera, incluindo a tecnologia.

Ao mesmo tempo, a produção de saber restrita a uma área ou a concentração crescente de poder devem ter seus limites ultrapassados pelo trabalho jornalístico de mostrar, em escala global e imediata, o movimento de todos esses setores em que se movem e desdobram cotidianamente a realidade, as pessoas, os fatos, as versões... e sua produção e resultado, com consequências nos próprios *saber* e *poder*.

Se nem todo jornalismo é serviço ou interesse público, há um eixo central que aponta, inevitavelmente, para ele. Talvez por isso é que mais de 500 jornalistas tenham sido assassinados nos últimos 15 anos em diferentes pontos do planeta no exercício da profissão, conforme relato de várias organizações que defendem a liberdade de expressão e de imprensa e o direito à informação. Mortos por ditaduras, em guerras ou conflitos de rua, em matérias de investigação nas áreas de política, de economia, de cultura, de comportamento; em países da América e do Leste Europeu; em países africanos e asiáticos; no Ocidente e no Oriente; nos Hemisférios Sul e Norte.

Tal exercício, parece-me, é resultado, pelo menos na maioria dos casos, de um exercício ético, que coincide, também em parte, com o exercício técnico. Ele tem, na busca de fontes, na investigação documental sigilosa, na inserção em zonas de risco e perigo, uma base moral solidificada, cuidando, claro, para que alguns métodos de apuração não sejam banalizados – como a utilização de câmeras ocultas –, mas também para que tais recursos sejam usados em situações em que o benefício social é significativo, notório e duradouro.

O fato de haver mais jornalistas perseguidos e/ou torturados e/ou mortos em zonas de conflito onde as injustiças sociais são maiores e onde a atividade governamental e empresarial é mais corrupta é um indício de que a informação buscada pelos profissionais incomoda.

Os *rankings* sobre liberdade de imprensa, expressos em levantamentos feitos por entidades de âmbito internacional, têm colocado países como Finlândia, Suíça e Noruega no topo da lista onde os profissionais exercem com maior liberdade e segurança suas tarefas. Já o Brasil tem aparecido em posições desconfortáveis entre os que participam do levantamento. Em 2006, ele ocupou a 79ª posição, enquanto a Finlândia o primeiro no levantamento da organização Repórteres sem Fronteiras.

Há várias interpretações. Uma delas, certamente, é a de que onde as sociedades são mais justas, equilibradas, honestas e onde as necessidades sociais são mais satisfeitas há menor risco para a atividade jornalística. Com esse cenário, os governos são mais honestos e o Estado é mais transparente; as empresas privadas menos corruptas e corruptoras e os cidadãos mais íntegros. Com isso, a atividade jornalística é mais segura e não necessita ir a fundo e substituir as tarefas delegadas ao Judiciário, à política e à polícia, tampouco cobrar do Estado, por meio de estratégias investigativas que, para chegar à denúncia, envolvem o risco físico dos repórteres, editores e jornalistas em geral. Assim, onde há mais corrupção em vários níveis do Estado e onde os negócios públicos são mais "sujos", envolvendo setores privados, todo bom jornalista corre mais risco porque ele é o último recurso da voz pública, do cidadão, da esperança. A investigação jornalística é necessária e ainda mais profunda em zonas de risco, onde as esferas do segredo ampliam-se. E rompê-lo significa, literalmente, correr o risco de ser demitido, preso, torturado ou mesmo assassinado. Esse sinal, negativo para as sociedades, é positivo para a profissão jornalística. Isso aponta que o jornalismo também cumpre suas finalidades contemporâneas e acerta – e muito! Mas isso não significa que toda denúncia tenha base verídica, fontes qualificadas, apuração, checagem e boa edição. No entanto, deve-se reconhecer o enorme serviço prestado à sociedade pelo jornalismo que vai a fundo, que investiga com metodologia própria, por longo tempo, correndo riscos profissionais e de integridade física.

Os processos contra jornalistas e empresas refletem significativamente o conjunto de acertos e de erros. No Brasil, em abril de 2007, o Consultor Jurídico[41] apontava a existência de 3.133 processos por dano moral contra os cinco maiores grupos de comunicação do Brasil (grupos Abril, Folha, Estado, Globo e Editora Três)[42], de um total de quase cinco mil empresas jornalísticas no país[43].

Certamente toda empresa enfrenta um conjunto de processos de natureza distinta. E as de mídia enfrentam vários, nem todos se referindo à atuação dos jornalistas porque há outras áreas que envolvem, por exemplo, direitos trabalhistas. Mas é significativo o número de ações específicas voltadas para o dano moral. Embora as empresas, pelo levantamento, vençam 80% das ações, o percentual de 20% de derrotas – ainda que algumas em primeira instância – apontam juízes que condenam procedimentos operativos midiáticos e suas consequências nos resultados finais do trabalho. Além de um possível controle sobre a mídia e tentativas de conter denúncias e prosseguimento de investigações, parece claro que os jornalistas e empresas também erram e cometem enganos que repercutem na vida dos cidadãos e geram consequências por toda sua vida. E cometem equívocos que podem alterar resultados eleitorais, prejudicar o Estado e o papel de suas instituições democráticas, gerar violência e injustiças incontornáveis. Mas com isso estão também, certamente, todos os méritos do trabalho jornalístico: denunciar abusos, desvios, criminalidade, miséria, injustiça e assim por diante.

Como o equilíbrio é difícil, redobra-se a importância do conceito de *responsabilidade*.

Quando a zona de segredo aumenta, os desequilíbrios sociais se acentuam, a ineficácia do Estado e de seus poderes transparece em pequenos ou grandes processos de investigação, restando a um Profissional com P maiúsculo uma tarefa que, se condenada muitas vezes, não é nem nova nem condenada definitivamente, em especial a partir de uma série de debates sobre as circunstâncias em que se deu o trabalho, a necessidade de utilizar determinados métodos e o valor "interesse público" inerente ao processo de interrogatório moral a que se submeteu tal tarefa, definindo a validade eticodeontológica de procedimentos como o uso de câmeras ocultas, a alteração de identidades e outros similares.

Talvez por isso, se no anterior Código de Ética dos Jornalistas brasileiros não aparecia tal especificidade, ela fica clara no novo documento deontológico da profissão, aprovado em 2007. Se condena num primeiro momento a utilização de tais métodos, num segundo dá um salvo-conduto a casos especiais, lembrando que se esgotados os métodos convencionais e não havendo outra possibilidade de obtenção da informação – e sendo esta de interesse público – justificam-se tais procedimentos. O novo Código de Ética dos Jornalistas Brasileiros acompanha, assim, grande parte dos códigos deontológicos subscritos por entidades representativas de jornalistas em todo o planeta. Num primeiro momento, os códigos criticam o uso de tais métodos; num segundo, em geral, *colocam uma vírgula* ou um *parágrafo único* justificando circunstâncias em que eles são aceitáveis eticamente[44].

VERDADE, OBJETIVIDADE, EXATIDÃO

O TRABALHO ANTERIORMENTE REFERIDO, de Barroso Asenjo, indica que 100% dos códigos deontológicos jornalísticos defendem a verdade, a objetividade e a exatidão na informação. É bastante óbvio que a deontologia jornalística deve apontar nessa direção. Mesmo assim, o reforço a isso mostra que tais conceitos deontológicos são centrais para o exercício profissional cotidiano e que, no centro das discussões sobre a atividade jornalística, na elaboração de uma teoria ética e, com ela, de uma teoria do jornalismo, devem estar a noção e a complexidade que envolvem os termos.

Por isso, o próprio conceito trafega com a concepção ideológica e cultural que o envolve e transita com a época e com as várias morais sociais. Mas, para isso, há no mínimo uma pressuposição ou princípio: o compromisso ético do jornalista com a diversidade do próprio conceito, com a diversidade social, com a pluralidade de fatos, versões e opiniões. No entanto, mesmo assim deve haver um ancoramento em dados, números, índices, estatísticas, fatos. A busca da verdade envolve tanto a exatidão na apuração informativa quanto a objetividade no relato, sem esconder a humanidade que se move neles. E a esta não é possível conceber sem conceitos, valores ou morais. Por isso, o jornalista, na busca da verdade, da exatidão e da objetividade, caminha no terreno movediço tanto de sua moral quanto das demais morais sociais. Ele pode ser engolido por determinadas morais particulares e ainda submeter os fatos à sua particularizada moral, o que se desdobra em uma ética individualizada que compromete o próprio entendimento e construção da universalidade humana, à qual o jornalismo tem grandes contribuições a dar como mediador do movimento da globalidade humana em seu imediatismo.

Nesse sentido, como já defendemos, a democracia informativa requer também a democracia e diversificação na propriedade, no controle dos meios e no acesso a eles. É onde, juntamente com a pluralidade dos fatos, vai desdobrando-se a verdade, sempre uma aproximação com a fidelidade dos acontecimentos, com a exatidão na apuração de dados e eventos, com a objetividade narrativa, mas também com a sua humanização.

Os fatos acontecem, mas, de certa forma, não são mero resultado do acaso nem apenas neutros. A existência de assassinatos – e eles serem fatos noticiáveis – é resultado de alguns pressupostos anteriores: vida é valor, a brutalidade deve ser superada, enfim, valores morais anteriores que devem valer para todos. Mas é também resultado de conflitos emocionais, de desequilíbrios pessoais, de raivas circunstanciais. E as razões para isso podem ser muitas: a miséria social, o não pagamento de uma dívida, uma desilusão amorosa, a perda de poder. Enfim, os fatos relacionam-se a valores e estes geram critérios de fatos. A racionalidade informativa também se prende a isso. O entendimento da particularidade das razões, aliado à universalidade de compreensão do acontecimento, torna imprescindível tanto o fato ser imparcialmente relatado quanto expressar o mundo moral que o cerca, com os desdobramentos culturais, políticos e sociais.

É por isso que em crítica ao livro *O que é jornalismo*, de Clóvis Rossi (1980), o jornalista Adelmo Genro Filho (1987, p. 49) separa *objetividade* de *imparcialidade*. De acordo com ele, "os próprios fatos, por pertencerem à dimensão histórico-social, não são puramente objetivos", e o relato vai exigir uma forma de *conhecimento* que, para revelar sua essência, implicará, necessariamente, um nível de *adesão ou solidariedade a uma possibilidade determinada*. Para Adelmo, *não há apenas um fato e várias opiniões e julgamentos*, mas um *fenômeno e uma pluralidade de fatos*, conforme a opinião e o julgamento. Por isso, ele enfatiza que "os fenômenos são objetivos, mas a essência só pode ser apreendida no relacionamento com a totalidade".

É também nesse sentido que Antônio Serra (1980, p. 13) argumenta:

> [...] ser testemunha e pesquisador dos fatos humanos exige, no meio das contradições políticas, valorizar os feitos tanto dos gregos como dos bárbaros. E, para tanto, dispor-se a uma observação e avaliação paradoxalmente *pessoal*, pois somente uma independência do sujeito poderá garantir a aproximação entre a Verdade e o Político, ou seja, a objetividade.

É nesse sentido que o jornalista vive *seu* risco. Porque sabe que seu objetivo, a Política, é multívoco e revestido de discursos, muitas vezes da mentira. E porque sabe que a Verdade raramente se oferece, nua e fulgurante, a seu olhar demasiadamente humano. Mas é então que ele pode perceber que sua *ação* como jornalista consiste justamente em fazer desta modesta "pesquisa" uma oportunidade de recuperar, fugazmente que seja, a Verdade na Política. E a simplicidade deste *ato* – "dizer o que é" – torna-se um momento vital e resplandescente para a experiência humana.[45]

De certa forma, os artigos e princípios dos códigos apontam para o cerne dessa questão levantada pelos autores citados. No entanto, são referências normativas cuja complexidade do conceito, no sentido epistemológico e ontológico, depende da convicção moral interiorizada na consciência do profissional. É o que também ocorre entre os donos dos meios, agregando-se a muitos destes uma espécie de cinismo ético que camufla a particularidade do interesse meramente político e financeiro. Por isso, a atividade ética do profissional deve estar relacionada a princípios éticos a serem obedecidos também pelos empresários da comunicação, pelo governo, pelas fontes.

Muitos códigos estabelecem formalmente, é claro, a defesa da verdade, da exatidão, da objetividade:

PIEPJ

Princípio I: *O direito dos povos a uma informação verídica*

Os povos e os indivíduos têm o direito de receber uma imagem objetiva da realidade por meio de uma informação precisa e global, como também o direito de expressar-se livremente nos diversos meios de difusão cultural e de comunicação.

CONTINUA ▶

CONTINUAÇÃO ▶

Princípio II: *O compromisso do jornalista com a realidade objetiva*
O dever supremo do jornalista é servir à causa do direito a uma informação verídica e autêntica por meio de uma dedicação honesta à realidade objetiva, de uma exposição responsável dos fatos no devido contexto, destacando suas vinculações essenciais e sem causar distorções, desenvolvendo devidamente a capacidade criativa do jornalista, de forma a oferecer ao público um material adequado que permita fazer uma ideia precisa e global do mundo e da origem, natureza e essência dos fatos, processos e situações que sejam apresentados com a maior objetividade possível.

CÓDIGO DA FEDERAÇÃO INTERNACIONAL DOS JORNALISTAS (FIJ)
1 – Respeito à verdade e ao direito do público à verdade é o primeiro compromisso do jornalista.

CLAEJ
[...]
Artigo 3º. Em seu trabalho profissional, o jornalista adotará os princípios da verdade e da equanimidade, e faltará à ética quando silenciar ou tergiversar sobre os fatos; proporcionará ao público informação sobre o contexto dos acontecimentos e sobre as opiniões que sobre eles se emitam, a fim de que o receptor da notícia possa interpretar a origem e perspectiva dos fatos. Na difusão de ideias e opiniões, o jornalista preconizará as condições para que elas possam expressar-se democraticamente e não sejam restringidas por interesses comerciais, publicitários ou de outra natureza.

CEJB

[...]

Art. 2º. Como o acesso à informação de relevante interesse público é um direito fundamental, os jornalistas não podem admitir que ele seja impedido por nenhum tipo de interesse, razão por que:

I – a divulgação de informação precisa e correta é dever dos meios de comunicação e deve ser cumprida independentemente de sua natureza jurídica – se pública, estatal ou privada – e da linha política de seus proprietários e/ou diretores;

II – a produção e a divulgação da informação devem se pautar pela veracidade dos fatos e ter por finalidade o interesse público;

[...]

Artigo 4º. O compromisso fundamental do jornalista é com a verdade no relato dos fatos, razão pela qual ele deve pautar seu trabalho pela precisa apuração e pela sua correta divulgação.

CEANJ

Os jornais afiliados à Associação Nacional de Jornais (ANJ) comprometem-se a cumprir os seguintes preceitos:

[...]

03. Apurar e publicar a verdade dos fatos de interesse público, não admitindo que sobre eles prevaleçam quaisquer interesses.

MANUAL DE REDAÇÃO E ESTILO DE *O ESTADO DE S. PAULO* (MREESP)

20 – Faça textos **imparciais** e **objetivos**. Não exponha opiniões, mas fatos, para que o leitor tire deles as próprias conclusões.

> **MGRFSP (MANUAL GERAL DA REDAÇÃO DA *FOLHA DE S. PAULO*)**
> [...]
> Exatidão – Informação inexata é informação errada. A busca das informações corretas e completas é a primeira obrigação de cada jornalista. Um jornal só firma seu conceito de credibilidade junto ao seu público quando é conhecido pela fiel transcrição das opiniões que colhe e pela exatidão dos dados que apura e publica. Para a construção da imagem de um jornal, mais importante do que ambiciosas reportagens é a publicação sistemática de textos com informações exatas. Para isso, cifras, números, grafia de nomes de pessoas entrevistadas, horários, datas, locais e todas as outras informações devem ser checados com o maior cuidado.
> [...]
> Objetividade – Não existe objetividade em jornalismo. Ao redigir um texto e editá-lo, o jornalista toma uma série de decisões que são em larga medida subjetivas, influenciadas por suas posições pessoais, hábitos e emoções. Isso não o exime, porém, da obrigação de procurar ser o mais objetivo possível. Para retratar os fatos com fidelidade, reproduzindo a forma em que ocorreram, bem como suas circunstâncias e repercussões, o jornalista deve procurar vê-los com distanciamento e frieza, o que não significa apatia nem desinteresse. Consultar os colegas na Redação e procurar lembrar-se de fatos análogos ocorridos no passado são dois procedimentos que podem auxiliar na ampliação da objetividade possível.

Assim, se os *Princípios internacionais da ética profissional dos jornalistas* consideram que o profissional deve servir à causa da verdade, mostrando a "realidade objetiva", é indispensável reconhecer que os fatos precisam evidenciar-se com transparência. Isso requer tanto pluralidade de fontes quanto pluralidade na gestão dos meios ou diversificação de veículos com projetos editoriais e linguagem diferenciados. Ao mesmo tempo, a "realidade objetiva" não é um produto espontâneo do acaso nem da determinação histórica, mas da autoprodução humana na qual a subjetividade vai objetivando-se e construindo novos fatos e sujeitos. Vai, enfim, também subjetivando-se.

Essa análise vale para o Código da Federação Internacional dos Jornalistas, dos Jornalistas Latino-Americanos e dos Brasileiros. O Código de Ética da Associação Nacional de Jornais aponta para a mesma direção. É comum tais princípios serem defendidos ardorosamente pelos empresários da comunicação, mas no processo de edição há formas bastante sofisticadas de excluir uma fonte, de incluir um anúncio publicitário, de deslocar algumas declarações para o interior da matéria, de diminuir o impacto do título ou *lead*, de colocar editores de confiança que façam esse trabalho. Em 1977, ao abrir um seminário da Associação Brasileira de Imprensa, no Rio de Janeiro, o então presidente das Organizações Globo, Roberto Marinho, declarou:

> A empresa faz o jornal. Mas ela não é o jornal. O jornal está acima e além da empresa. Assim como nossa alma tem no corpo o apoio indispensável para afirmar sua transcendência, o jornal se nutrirá necessariamente dos resultados de uma empresa saudável. A hierarquia dos valores colocará sempre o jornal, que é a ideia, acima da empresa, que é a circunstância.
>
> Proclamamos o dever do jornalista de tornar público todo procedimento que lesa o bem comum, não pelo simples alarde do erro, mas para exigir dos responsáveis que façam cessar o erro. E o dever de perseverar mesmo quando sofra o peso do arbítrio ou o vazio da indiferença. (Dines apud Fernandes Neto, 1980, p. 82)

Talvez, em alguns casos, perseverar, "mesmo quando sofra o peso do arbítrio", tenha como desdobramento apenas a carta de demissão. Ou, então, pode significar apenas o corte da matéria, o "vazio da indiferença".

A professora Alice Mitika Koshiyama mostrou há bastante tempo, em meticuloso trabalho tornado referência, a facilidade de ocultar tecnicamente interesses políticos e econômicos empresariais sem que houvesse, claramente, mentira. Ou, em outras palavras, revelou como transparece a margem de subjetividade na objetividade dos relatos. Ao tratar da cobertura de *O Estado de S. Paulo* à nomeação do jornalista Artur Scavone como assessor do então secretário da Justiça do Estado de São Paulo, José Carlos Dias, Alice Koshiyama (1985)[46] revelou que a cobertura destacou reiteradamente nos títulos e *leads* as afirmações que correspondiam ao ponto de vista do jornal, que *O Estado* estabeleceu uma hierarquia ideológico-política entre as fontes, que colocou nas matérias fatos que reforçavam oposição a uma pessoa, mesmo que não tivessem relação direta com o tema central da matéria. Como situou a professora, "a cobertura do caso Scavone por *O Estado* mostra com nitidez como alguns procedimentos da prática jornalística podem servir para reforçar posições previamente assumidas. A utilização da linguagem jornalística e o uso das fontes possibilitam expressar posições" (ibidem, p. 41). Assim, mesmo que o manual de *O Estado* sugira textos *imparciais* e *objetivos*, para que o leitor tire deles as "próprias conclusões", há muitas maneiras de contar um fato sem mentir, relatando acontecimentos e diversificando as fontes sem que, contudo, o leitor consiga ficar sabendo o que houve realmente e como se deu a opção ideológica do veículo.

O próprio manual da Central Globo de Telejornalismo, na edição de 1985, deixa claro que é preciso ouvir os dois lados. Mas o próprio exemplo dado não deixa de ser uma advertência aos profissionais "engajados": "não deixem de ouvir o outro lado, por exemplo, os *donos da indústria* e as *autoridades locais*".

O jornalista Ayrton Kanitz (1992, p. 4), ex-integrante da Comissão Nacional de Ética e Liberdade de Imprensa da Federação Nacional dos Jornalistas, experiente e competente profissional brasileiro, foi claro e feliz, ao defender a base ética do jornalismo digno, em dizer que, "se o jornalismo de capital privado é comércio, é igualmente comércio vender linguiça, mas nem por isso as pessoas querem cachorro-quente estragado". Assim como em outros ramos, o produto jornalístico *deteriorado* também pode causar *males insanáveis e brutais:* "a suspeita sobre pessoas, a falsidade sobre instituições e ideias, a tomada errada de decisões".

O jornalista Philip Meyer (1989), por sua vez, destaca a complexidade do conceito de objetividade, analisando-a com as bases do conhecido pragmatismo norte-americano. Por isso, lembra algumas regras criadas para minimizar o problema. Critica a posição do "homem de Marte"[47], que para ele não adianta nada. Assim, para ajudá-lo, cita regras pragmáticas para a objetividade: *a regra da atribuição* (fornecimento das fontes de cada fato importante de uma história), *a regra obtenha-o-outro-lado-da-história* (pluralidade de no mínimo dois pontos de vista), *a regra do espaço igual* (grupos conflitantes devem receber espaço igual no jornal), *a regra do acesso igual* (interesses da comunidade devem ter oportunidade igual de acesso aos meios). Contudo, essas regras pragmáticas a serem seguidas pelo "homem de Marte" têm também seus problemas. Por exemplo, a citação demasiada de fontes pode quebrar o ritmo da história; ouvir dois lados de maneira igual pode nivelar declarações de fontes que efetivamente são desiguais em importância e representatividade; o "espaço igual" pode significar que sejam relatados fatos sobre pessoas igualmente, quando um dos fatos é bem mais significativo do que o outro e mereceria maior espaço e "acesso igual", da mesma forma.

É mesmo bastante complexo lidar com regras para a construção da informação. A complexidade do movimento dos conceitos e da reflexão ética não cabe na cristalização da norma. Os casos precisam ser examinados também de acordo com as circunstâncias. E se são formadas pelos homens, como já afirmou Karl Marx, é preciso que a construção da liberdade passe pela construção da democracia nos meios de comunicação, incluindo a informação jornalística, que reflete e projeta a autoprodução cotidiana da humanidade.

AS POSSIBILIDADES TEMÁTICAS:
ALGUNS EXEMPLOS COMPLEMENTARES

AS QUESTÕES ÉTICAS QUE envolvem o fazer jornalístico são bastante variadas e profundas. Mas resolvê-las com algumas certezas prévias, com juízos de valor exclusivamente arbitrários não ajuda a elucidar nem a própria atividade profissional de reconstruir simbolicamente o mundo, tampouco de esclarecer o público tanto sobre a atividade quanto sobre o próprio desdobramento plural da vida, em seus aspectos de uma totalidade que envolve a política, a economia, a cultura, a história humana e sua multiplicidade de linguagens, significados e relações internas na constituição do cotidiano.

A ideia deste trabalho é a de se ater mais, basicamente, ao campo da defesa de uma ética na informação jornalística, isto é, na defesa radical da constituição de um campo ético para desenvolver estudos com o objetivo de fundamentar a importância do jornalismo em seu compromisso contemporâneo e insubstituível de reconstruir, simbolicamente, o desdobramento imediato e plural da própria humanidade.

É claro que continuará suscitando debates, também, o confronto entre o direito à privacidade e o direito do público a conhecer aspectos que possuem relevância social ou pública de uma vida privada. A Bibliografia consultada traz livros e artigos que exploram isso. Da mesma forma, as muitas perguntas feitas no decorrer deste trabalho deixam margem a numerosas polêmicas, críticas e sugestões. Mais do que resoluções, é possível que elas apenas ajudem a complexificar o tema.

A cobertura jornalística de um acontecimento e sua análise do ponto de vista ético não esgotam o sentido moral complexo que envolve as múltiplas dimensões do jornalismo. Nenhum caso concreto pode dar conta da infinidade de problemas éticos com que se defronta o jornalismo contemporaneamente. É sempre um processo.

Mas isso não é justificativa para deixar de examinar algumas questões que dizem respeito ao fazer jornalístico. Por exemplo, o estudo sistemático sobre o jornalismo, o esmero profissional, a preocupação com a boa qualidade do texto, a redução de pautas diárias distribuídas a cada repórter, melhores salários e a competência profissional têm relação efetiva com a ética profissional e a ética social. Há conexão entre esses aspectos e o resultado final de uma matéria jornalística à qual terá acesso o público. Da mesma forma, a crescente complexidade tecnológica permite um grau cada vez maior de intervenção na vida do indivíduo, esmiuçando e perscrutando os mais resguardados aspectos da vida cotidiana, ao mesmo tempo que abre *possibilidades* emancipatórias que voltam à discussão sempre que surge uma nova mídia. Mais uma vez, *ideologia* e *política* estarão presentes na produção, no controle, no acesso, na distribuição e apropriação do conhecimento, o que renova a necessidade do debate ético e da ação política.

Pensar no impacto das novas tecnologias no jornalismo é mostrar preocupação com as questões éticas da atividade. Alguns trabalhos citados na Bibliografia são exemplos de publicações que servem de subsídio para estudos mais profundos.

Ao mesmo tempo, acontecimentos que envolvam decisões cruciais, como sequestros, em que a informação entra em choque diretamente com a sobrevivência do sequestrado – mas, simultaneamente, pode mediar uma negociação –, são questões graves que merecem uma sistemática discussão. Muitas vezes, isso depende de decisões pessoais que nenhum código ou decisão anterior poderá estipular formalmente. Do mesmo modo, os casos de segredo de Estado, a censura nas guerras ou conflitos são objeto de permanente discussão. O segredo das fontes, em casos de informação de interesse público, também significa um problema ético bastante complexo e merece estudo específico. Simultaneamente, a existência ou não das comissões de ética sindicais vem despertando muita polêmica e sua validade moral e/ou jurídica é objeto de várias discussões. A Federação Nacional dos Jornalistas tem sua Comissão Nacional de Ética. As comissões de ética são previstas nos estatutos sindicais e se destinam ao exame de casos de possíveis infrações éticas. Um ou mais jornalistas podem ser enquadrados numa infração, que é analisada à luz de artigos e parágrafos. Essa representação junto à Comissão de Ética pode ser formulada por qualquer cidadão, mas é comum que os autores das representações confundam *notícia* e *reportagem* com o papel desempenhado pelas *colunas assinadas*, nas quais a opinião é bastante livre. Também se confunde, muitas vezes, o direito de crítica com ofensas pessoais. E, com frequência, há razão para isso, afinal há colunistas cuja linguagem rebaixa a qualidade da crítica jornalística a adjetivos ofensivos pessoalmente. Os códigos também preveem que a obstrução da informação é um delito para toda a sociedade. Analisar e julgar unilateralmente esse problema também é bastante complicado, uma vez que ele envolve a estrutura dos meios, a propriedade e controle, a mediação profissional e a disposição ou simulação informativas pelas fontes. E há várias formas de fazer obstrução ou dificultar o trabalho jornalístico, direta ou indiretamente. Ao mesmo tempo, o uso da reticência, o sorriso, as expressões dúbias, os trejeitos de um profissional no telejornalismo ou no radiojornalismo sugerem críticas/angulações morais de um acontecimento e de uma opinião implícita para induzir o leitor, ouvinte, espectador a determinada compreensão e posição sobre o tema ou pessoa. Também a proteção ao trabalho dos jornalistas vem ocupando bastante espaço nas discussões em vários lugares.

Enfim, seriam muitos os aspectos envolvidos no exame ético do jornalismo em toda a sua diversidade, abrangência e profundidade. Esse é, como o tema *ética*, inesgotável, assim como a própria construção da humanidade. Não é à toa que há mais de dois mil anos o tema vem sendo discutido. Com o novo cenário da convergência tecnológica, que amplia a segmentação e a diversidade temática, surgem novas questões sobre os conteúdos propriamente jornalísticos e seus traços distintivos em relação a outras formas de informação, e se rediscutem a atividade profissional e sua tendência neste início de século XXI.

5 Um futuro aberto: sociedade da informação e do conhecimento, convergência tecnológica, diversidade midiática e ciberjornalismo[48]

NA CHAMADA CONVERGÊNCIA TECNOLÓGICA, a rede mundial de computadores (internet) pode incorporar todos os meios criados até hoje – jornal, revista, rádio, TV, cinema, imagem fotográfica, imagem em movimento. A mediação generalizada se universaliza mais ainda. Tal processo é irreversível no plano mundial, em que pese a possibilidade da convivência permanente – e sem previsão efetiva de prazo de término – entre convergência tecnológica e sistemas pré--industriais de comunicação e disseminação de informações.

No entanto, a identidade profissional, as referências históricas, a legitimidade jornalística ancorada no direito social à informação mediante critérios democráticos e de noticiabilidade podem mudar, substancialmente, à primeira vista, com a convergência tecnológica e a chamada sociedade da informação?

Conforme Wolton (2006, p. 39), "a circulação crescente da informação requer a preservação das *referências* para que os cidadãos conservem uma geografia intelectual e cultural que lhes permita situar-se em um mundo aberto. Distinguir quem fala, com *quem fala, com qual legitimidade, para fazer o quê*". E prossegue: "Com efeito, na sociedade aberta, tudo é visível, tudo circula, todos os argumentos, todas as visões do mundo são possíveis, mas é preciso que o cidadão, o indivíduo, compreenda e saiba *de onde falam* uns e os outros, a partir de qual competência e para qual visão de mundo" (ibidem, p. 41).

Evidente que, para isso, é preciso dedicar-se um tempo razoável da vida diária, o que outro cidadão, que vive de outras atividades ou de nenhuma, dificilmente fará, sobretudo se exigirmos os critérios de seletividade, hierarquização, ordenação da dados, utilizando-se dos critérios de noticiabilidade já consagrados e de linguagem clara, precisa e, muitas vezes, concisa, incluindo a síntese narrativa e a precisão de dados. Os profissionais redobram sua responsabilidade num mundo midiático em que se desconfia da verdade, das fontes, dos interesses, da separação real entre publicidade e jornalismo. Wolton analisa esse novo cenário e, sem opor jornalismo à comunicação, atribui um lugar específico a cada profissional, no qual o jornalista tem um assento todo seu ainda hoje, mesmo diante do novo panorama da sociedade da informação e da convergência de mídias.

Seria interessante pensarmos em um cenário em que todos podem enviar e receber mensagens sem parar, durante todos os segundos até o fim da vida e dos tempos. Mas seria possível isso? O que seria do desenrolar dos acontecimentos e de sua interpretação imediata, nas últimas 24 horas, se estivéssemos, em tempo real, reconstituindo as 24 horas anteriores? Significaria que, se precisamos contextualizar os acontecimentos e as versões e estabelecer a controvérsia pública, estaríamos sendo relapsos com os novos fatos que emergem a cada momento? Estaríamos relaxando sobre o entorno e o presente vivido a cada segundo em função de contextualizarmos, investigarmos e aprofundarmos o período imediatamente anterior?

Naturalmente, deduz-se que, quanto mais aprofundarmos o presente em seu relato, em distintas regiões e com diferentes fontes e interpretações, mais submeteremos a variedade de fatos, eventos, dados e análises a um espaço mais reduzido e a uma seleção excluinte. Para cada evento e fato, *a fim de dar sentido* e de contextualizar, seria necessário mais que o tempo do desdobramento de suas consequências e do surgimento de novos e variados fatos e versões. O tempo humano, o ritmo social contemporâneo e a facilidade tecnológica permitem um acesso indefinido a outras temporalidades e ritmos, a fatos e versões que não cabem no conjunto do calendário das 24 horas, já que bilhões de pessoas, em inúmeros segmentos, organismos de governo, sociedade civil, empresas e ruas, produzem eventos reconhecíveis e interpretáveis muito mais do que qualquer capacidade humana de acompanhamento integral e de conhecimento detalhado total. Isso pode fazer do relato e tratamento informativos do tipo jornalístico algo diferente do abordado por outras áreas.

A velocidade da transmissão de dados, de fatos e de versões é permitida pela tecnologia cada vez mais acessível, pelo menos para parte da humanidade. O ritmo social contemporâneo, que se acelera e se vincula ao processo de globalização, também produz mais fatos relevantes para o entorno do que algum tempo atrás, dada a interconexão, por exemplo, entre política e economia, planejamento urbano e meio ambiente, produção agrícola e consumo.

A atividade jornalística vem sendo reforçada por distintos autores que, em sucessivos debates e produções, têm chamado a atenção para a relevância da informação jornalística no novo cenário, em que a profissão, ancorada no ciberjornalismo, desenvolve-se dentro do que se chama Sociedade da Informação. Com tal perspectiva e muita atualidade, cresce a responsabilidade dos profissionais nos planos técnicos e eticodeontológico, já que será de grande relevância o processo de hierarquização, organização e apresentação informativa de acordo com as necessidades de cada pessoa[49].

De onde surge o cenário para a chamada Sociedade da Informação (SI) ou Sociedade da Informação e do Conhecimento (SIC)? Entrelaçados entre si, o novo cenário e os traços distintivos podem ser considerados o histórico, o político-econômico, o tecnológico e o social[50]. Crovi Druetta (2004) considera que, no cenário histórico, a queda do bloco socialista e a consolidação de um mundo com hegemonia norte-americana transformaram o cenário histórico contemporâneo, demarcando o fortalecimento das políticas neoliberais. Com isso, geraram-se a reforma dos

Estados e um novo cenário político-econômico, tomado pela privatização da economia social, redução do papel regulador do Estado, globalização acelerada e severos ajustes nos gastos públicos e, entre outros aspectos, conforme a autora, certa modernização internacional que implica debilitação dos governos nacionais em prol do governo do capital privado, aspectos também levantados e detalhados por Becerra (2003). Os sistemas financeiros, conforme a pesquisadora, privilegiam muito mais, agora, os aspectos especulativos e menos os produtivos. Geram-se setores fortemente integrados e excluem-se outros. Crovi Druetta (2004) destaca que no cenário social ampliam-se as promessas de desenvolvimento, mas convive-se, na prática, com cenários ainda industriais ou pré-industriais em muitas regiões do mundo. No cenário tecnológico, destaca ela, a digitalização torna-se referência e a flexibilidade um marco da SIC, dentro de um novo ambiente de convergência tecnológica (ibidem, 2004).

O projeto da SI é contemporâneo do debate sobre o "fim da história", que, como aponta Martín Becerra, é polêmica suscitada e repercutida internacionalmente pelo autor da tese, Francis Fukuyama (pesquisador acadêmico e ex-assessor do governo dos Estados Unidos), sob a perspectiva de constituição de uma nova hegemonia mundial capitaneada pelos norte-americanos com a deterioração do bloco soviético-socialista. A queda do Muro de Berlim, em 1989, acelerou um processo de redefinição dos projetos globais, ampliando o cenário que sepultava, então, grande parte dos ideais da modernidade, tais como "la convicción del progreso indefinido, la fe en el desarrolllo, la esperanza en el porvenir, la confianza en la integración, y la creencia en la providencia del mercado" (Becerra, 2003, p. 23-24).

Para Becerra, as ideias-força que regem a chamada Sociedade da Informação amparam-se na *desregulamentação*, na *liberalização* e na *competição internacional*. A efetividade dessas ideias no concreto, aponta ele, configura-se nos processos de convergência tecnológica, os quais estão assentados

[...] en la homogeneización de los soportes, productos, lógicas de emisión y consumo de las industrias info-comunicacionales, además de la [...] prensa escrita y edición. En los hechos, los grupos y plataformas multimedia suponen la posibilidad de imbricación de tecnologías, culturas y tradiciones de producción y procesamiento informativo, y distribución de las diferentes actividades info-comunicacionales. (ibidem, p. 91)

Na Sociedade da Informação[51] e com a convergência tecnológica que abrange o jornalismo, redobra-se, a meu ver, a importância do fazer jornalístico, resultado de uma teoria e de uma ética aplicadas ao exercício profissional, com seus valores, métodos e técnicas. Isso hoje, parece estar em discussão, e com bastante argumentos razoáveis. Se a informação pode ser obtida por diferentes formas e por distintos protagonistas e fontes e em circuitos que passam à margem do processo tradicional jornalístico, haveria sentido, ainda, durante o século XXI, falar em jornalismo profissional, com seus traços distintivos?

O nível atual de concentração de propriedade midiática implica redobrar estudos, verificar empiricamente as consequências dela e examinar alguns indícios atuais, como o do risco do processo democrático global, da eficácia das representações do conjunto da Pólis e de uma nova redefinição do que vem a ser esta no século XXI.

Para Moraes (2005, p. 83), por exemplo, são essenciais "políticas e inversiones públicas para universalizar los accesos e incrementar los usos sociales, educativos y políticos de las tecnologías digitales".

Aumenta a preocupação e crescem as pesquisas; ampliam-se os estudos acadêmicos e os movimentos sociais, ainda que pouco visíveis na grande mídia – ou mídia de grande amplitude. Vive-se um momento histórico de extrema tendência à concentração e, simultaneamente, boas possibilidades de ampliar a divergência e a diversidade, sob a perspectiva tecnológica, como nunca antes. Embora se exijam estudos mais aprofundados, talvez isso explique a falta de correspondência, seguidamente, entre o ideário temático e ideológico de parte da grande mídia com os resultados desejados por ela no campo social, como o bom comportamento, a não transgressão social, os resultados eleitorais favoráveis a si e assim por diante.

O tema *Sociedade da Informação* (SI) ocupa hoje um lugar estratégico no cenário internacional. As cúpulas mundiais para a Sociedade da Informação, convocadas pelas Nações Unidas e realizadas em Genebra (2003) e Tunis (2005), ratificaram o conceito, embora as divergências conceituais apontem para uma redefinição para *Sociedade da Informação e do Conhecimento* (SIC). De certa forma, *Sociedade da Informação* é um conceito em desenvolvimento que, "impulsionado fundamentalmente por los países centrales, reconoce el protagonismo de las tecnologías de la información y la comunicación (info-comunicación) en la estructuración de las sociedades contemporáneas" (Mastrini, 2006, p. 13).

Conforme Mastrini (ibidem, p. 14):

> A nível económico, el proyecto argumenta que la centralidad de la información y la comunicación en la estructuración de las sociedades contemporáneas permitirá la obtención de mayores beneficios y un salto a la productividad, con el consecuente crecimiento de las economías. En el plano social, los organismos y gobiernos involuncrados en su desarrollo enfatizan beneficios como consecuencia de la diseminación y ubicuidad de las tecnologias convergentes de la información y comunicación.

No entanto, Mastrini adverte que o projeto SI pode não significar necessariamente maior bem-estar social, o que reforça a necessidade de saber a orientação predominante das políticas públicas vinculadas ao tema e de debater e intervir no processo, reforçando tanto a participação social como o encaminhamento de políticas públicas, elementos-chave para o desenvolvimento democrático.

A questão da falta de acesso às tecnologias ou da falta de conhecimento para aplicá-las tem sido recorrente em muitos autores e debates. O acesso e o domínio tecnológicos seriam precedentes para uma efetiva participação social nos desdobramentos de uma sociedade democrática. Se de um lado há uma visão *tecnocêntrica* (em que o livre mercado definirá os rumos da SI), de outro há uma *visão sociocêntrica*, que pede mecanismos de governança na internet mais democráticos e uma SI com a participação dos vários setores, como governo, sociedade civil e setor privado, envolvendo a representação dos países, dos mais aos menos desenvolvidos.

E surge uma terceira perspectiva, basicamente envolvendo diferentes organizações da sociedade civil, que questiona a falta de envolvimento dela em temas estratégicos, como o são o financiamento da SI, o reconhecimento da internet como bem público global, a necessidade de equilíbrio na tomada de decisões e na elaboração de políticas nacionais, regionais e globais[52].

Observando o volume de dados disponíveis imediatamente, parece-me importante que os princípios de ordem estética, técnica e ética sejam referências para dar inteligibilidade e organização seguida à produção de distintas áreas mediante critérios profissionais, isto é, consolidados pelas diferentes profissões do campo da mídia. O jornalismo está dentro disso produzindo informações e conhecimentos. Eles poderão ser disseminados, certamente, por variados suportes tecnológicos, como rádio, TV, jornal, revista, internet, foto... E, por imbricadas que estejam as atividades e as profissões, há uma distinção cujos traços éticos e técnicos justificam um fazer profissional, do tipo jornalístico, ancorado em uma teoria da área, ainda que concorrendo com informações de outro tipo. Mas não se pode, evidentemente, passar ao largo das mudanças verificadas hoje.

A profissão jornalística, no novo cenário da Sociedade da Informação e no processo de convergência tecnológica dentro da Pólis como espaço público de discussão do entorno imediato e de suas consequências planetárias, reforça, a meu ver, a necessidade de defesa de valores como credibilidade e interesse público; exige a disseminação de mensagens precisas, claras e contextualizadas por quaisquer suportes tecnológicos; e requer envolvimento com as novas rotinas profissionais decorrentes do volume de informações, do ritmo social e das demandas específicas informacionais por parte de cada segmento social.

Parece-me necessário situar a potencialidade e os limites do exercício profissional, mas, ao mesmo tempo, mostrar as mudanças que a multimídia e as novas tecnologias em geral apontam para a área, para a nova mediação social da realidade que os profissionais terão como desafio fazer e os limites que se avizinham e aumentam. O novo cenário, já em processo de mutação e consolidação, ancora-se em: a) na chamada *Sociedade da Informação*, com, potencialmente, todos enviando e recebendo mensagens; b) *convergência tecnológica no jornalismo*, com as informações do tipo jornalística circulando pela rede mundial de computadores na mesma velocidade e imediatismo com que ocorrem os fenômenos sociais, incorporando jornal, revista, televisão, fotografia, rádio, jornalismo digital com suas especificidades, planejamento gráfico e assim por diante; c) *deficiência informacional específica*, gerando demandas informativas vinculadas à necessidade de dados, versões, interpretações de mundos, em setores que não podem ser contemplados – na dimensão mesma do surgimento de fatos e versões – por qualquer mídia em geral, fortalecendo a necessidade de *segmentação editorial*, diversidade temática e de fontes, de propriedade e das narrativas.

Tal processo se dá, cada vez mais, dentro de sistemas de comunicação globais ou regionais, também cada vez mais complexos e, simultaneamente, com vertentes que apontam para a especialização temática e linguística, segmentação de veículos e de público, variação geográfica e cultural. Simultaneamente, as barreiras tecnológicas são cada vez mais fáceis de ser ultrapassadas por distintos segmentos sociais ou indivíduos, que podem transmitir e receber quaisquer tipos de informações, seja por meio do uso da palavra ou da imagem. "Inclusão digital" passou a ser um lema que acompanha governos e organizações não governamentais, empresas e sindicatos de trabalhadores, seja para aquecer um mercado potencialmente esperançoso, em termos financeiros, seja para propiciar a emancipação tecnológica e de conhecimento, capaz de integrar os cidadãos em uma nova esfera pública, com maior liberdade de escolha. Mas o novo cenário da comunicação global significa, necessariamente, mais liberdade e mais capacidade de escolha, isto é, mais cidadania?

O que seria do jornalismo ou qual seria sua relevância diante de um cenário que se modifica substancialmente e no qual o volume de informações exige, a cada minuto, muito mais minutos para digeri-lo, um dia muito mais dias, um mês ou ano muito mais meses ou anos? Afinal, o calendário humano permanece o mesmo e há uma multiplicidade de eventos, fatos e versões a cada minuto aos quais ou não se presta atenção, não se dá relevância ou não são digeridos e segue-se a vida individual ou da pequena comunidade com as suas 24 horas diárias rotineiras.

Em diversos países há preocupação histórica com a concentração de poderosos veículos de comunicação nas mãos de cada vez menos proprietários, que detêm meios como jornais, revistas, emissoras de rádio e televisão. Hoje, essas grandes empresas voltam seus olhos também para a mídia digital, para a multimídia como um todo, veiculando novos produtos para novos mercados e públicos, usando, seguidamente, a bandeira da democratização e do acesso mais imediato às informações e ao conhecimento.

A preocupação com a concentração da mídia no Brasil, em particular, e na América Latina, em geral, tem correspondência no plano internacional. Existe grande preocupação, especialmente entre os profissionais que trabalham com a informação jornalística, com a crescente parceria entre empresas de comunicação e outras pertencentes a distintos ramos de produção, como o setor banqueiro, agropecuário ou imobiliário. Essa situação não é nova. Com isso, forma-se um círculo nacional e internacional de certa forma vicioso, em que os interesses empresariais da comunicação confundem-se com os dos outros ramos da produção, do saber e do poder.

O JORNALISMO: FUNDAMENTOS, TEORIA E ÉTICA

A ESTIMATIVA É QUE, a cada 24 horas, alguns novos milhões de documentos sejam incorporados à Rede. Obviamente, se compararmos a população mundial (em torno de seis bilhões de pessoas), incluindo recém-nascidos, analfabetos e outros cidadãos sem acesso à tecnologia, em distintas regiões, iremos constatar facilmente que uma única pessoa produz um conjunto de informações significativo e que grupos criam e atualizam sites hoje em esquecimento, desatualizados ou inoperantes. Ou colocam qualquer coisa ali dentro. Mesmo assim, os dados são relevantes desde a perspectiva das possibilidades e das potencialidades, amparadas pelas perspectivas de descentralização.

Com relação ao fenômeno dos blogues, também é fácil constatar que a maioria não exerce a capacidade de busca de dados, apuração, checagem e estruturação do texto com as características do jornalismo. A maioria, pelo menos por enquanto, limita-se a comentar temas da atualidade, de diferentes áreas, relatar alguns fatos, mas está longe da verificação *in loco* dos dados, fatos e busca de versões, apenas repercutindo – de forma mais séria e sistemática ou mais eventual e livre – fatos, acontecimentos e versões trazidos à tona imediatamente pelos profissionais. Estes fazem seu trabalho de apuração, presenciam fatos, ouvem fontes, checam dados, buscam precisão e revelações nos bancos de armazenamento de informações etc. Além disso, pelo menos atualmente, os blogues têm uma referência pública muito reduzida, e seu acesso reduz-se, em significativa parte deles, a um grupo pequeno de pessoas que, por sua vez, tem também suas outras referências informativas e opinativas. Parece haver certa necessidade de um entorno comum mais amplo e compartilhado. O ciberjornalismo e o telejornalismo (ainda que por meio da internet) parecem deter a hegemonia do processo, com suas características específicas e capacidade de manter, no horizonte, uma visibilidade compartilhada e uma legitimidade social mais ampla. As exceções parecem confirmar a regra.

Por outro lado, se levarmos em consideração o ritmo social que a humanidade se colocou hoje, gerando tanto um inevitável ou intenso estresse cotidiano, além do que chamam *fadiga da informação* – novo campo de estudos... –, podemos concluir que há uma infinitude de produção de fatos, de versões, de interpretações e que nenhuma mídia – grande ou pequena –, em qualquer região e com qualquer abrangência ou circulação, nem nenhum indivíduo – por mais atento e ligado que fique – conseguem dar conta do universo de dados, de mensagens, de fatos, de conhecimento, de informação.

Ao destacar o papel do jornalismo e da responsabilidade dos profissionais no século XXI e defender o aprofundamento de fatos e de versões da atualidade, Adriana Amado Suárez (2005, p. 17), comenta que

> [...] la tarea del periodista sigue siendo la de un traductor de realidades a textos de imágenes y palabras y su función es más necesaria en la medida en que los ciudadanos necesitan cada vez más explicaciones para poder entender un mundo de complejidad creciente.

Por isso, mesmo com o advento da internet renova-se a relevância do trabalho profissional jornalístico. Ainda que a convergência tecnológica possa colocar toda a informação e todo o conhecimento do mundo dentro da Rede Mundial de Computadores, será necessário distinguir o confiável do não confiável e suscitar socialmente o comentário sobre o entorno da comunidade. Como o conjunto de áreas de Saber e Poder e o conjunto dos cidadãos estarão envolvidos com o seu entorno imediato, com seu trabalho ou sua busca pela sobrevivência, seja o desempregado ou o empregado, o médico ou o vendedor de pipocas, é lógico que deverá haver um profissional que, assentado em seus princípios de ordem teórica, ética, estética e técnica, precisará dar inteligibilidade coletiva imediata ao entorno social e credibilidade àquilo que *professa*, isto é, à profissão, fazendo dela não apenas um meio de vida – o que já é bastante e necessário –, mas também lhe atribuindo um reconhecimento como essencial para o conjunto da cidadania. Por isso, mesmo no que chamam jornalismo *on-line*, jornalismo digital ou ciberjornalismo, lembrando Bernier (2004), o interesse público, a busca pela verdade, o rigor, a equidade, a exatidão e a integridade constituem eixos morais da credibilidade, que vai se distinguir de outros tipos de informação e de conhecimento.

O acesso público ao entorno social exige verossimilhança, clareza, concisão e detalhamento, factualidade e contextualização, com linguagem clara e acessível, para que o conjunto da cidadania usufrua a produção coletiva humana imediata e a controvérsia que ela gera, e, com isso, consiga escolher com mais liberdade e lucidez sobre seu presente e seu futuro. Talvez uma das bases da legitimação ainda atual da profissão jornalística seja mesmo "gestionar el caos e interpretar el mundo" (Duplatt, 2002, p. 50), dentro da intensidade cotidiana e com a emergência imediata de fatos e versões, tal como o próprio ritmo social impõe. Para Duplatt (ibidem, p. 55),

> [...] el periodista digital debería continuar com las viejas rutinas que dan el valor social de la información. El periodista en línea tendría que ofrecer al internauta una información analítica, explicativa, comprensiva, que complete a la producida electronicamente por las fuentes primarias de información (actores sociales). Tiene que poner una versión propia de la realidad que encuentra en su computadora. Una versión que respete los principios deontológicos del "saber hacer" periodístico. Pero además [...] tendría que

trabajar como un gestor del conocimiento, para lograr que un público fragmentado pueda encontrar información general o específica en forma rápida y confiable (ibidem, p. 55).

Parece-me que as bases do jornalismo continuam válidas, sendo o campo da formação específica aquele que permite uma qualificação mais detalhada e variada para exercer integralmente uma profissão distinta das demais, isto é, para professar o jornalismo, reconhecido hoje como estratégico nas sociedades contemporâneas.

O jornalismo é simultaneamente gerador de informação e produtor de conhecimento. Gerador porque dissemina massiva, pública e imediatamente fatos e versões sobre fatos e interpretações sobre o presente que são referências para as pessoas. Ao levar informação de diferentes áreas (da biotecnologia ao comportamento individual, da economia à política parlamentar), permite conhecer mais o entorno por meio de fontes que conhecem ou deveriam conhecer – porque estudam e se envolvem – suas áreas. São especialistas, conhecedores, portadores de conhecimento. O jornalismo pode não ter o conhecimento profundo da sociologia ou da história, da antropologia ou da medicina, mas todas essas áreas se manifestam imediatamente pelo jornalismo, com as especificidades deste, em termos de técnica, linguagem etc. O jornalismo pode perder profundidade, ser menos denso, mas tem um ganho: o imediatismo. Não é preciso esperar um ano para ler um livro sobre células-tronco. Pode-se entender, por meio do jornalismo, no cotidiano e imediato, o que os estudos na área representam ou poderiam representar para as pessoas. O mesmo ocorre com inúmeros fenômenos sociais, fatos que irrompem e circundam os indivíduos todos os dias.

O aperfeiçoamento, a sofisticação e as minúcias do chamado jornalismo investigativo, por exemplo, exigem um profissional bastante capacitado para manter o nome de *Jornalista*, com J maiúsculo. Conforme Santoro (2004), a investigação é a essência do jornalismo, que permanentemente indaga e busca, que enfrenta riscos profissionais, judiciais e, em alguns casos, físicos. Quando fala de investigação, o jornalista argentino, vencedor do prêmio Maria Moors Cabot de 2004, destaca que apresenta, basicamente, três características: 1) é realizada pelos jornalistas e não pela justiça nem pela polícia ou por particulares interessados; 2) realiza-se superando os obstáculos como os do poder interessado em ocultar as informações; 3) os temas interessam à opinião pública e deixam de lado a vida privada das pessoas, salvo situações-limite, em que se misturam (ibidem, p. 24-25). Os métodos e os procedimentos, as fontes e os cuidados com a apuração e a persistência, o cruzamento de dados e a busca de documentos públicos são técnicas abordadas minuciosamente por Santoro. A complexidade do trabalho jornalístico é bastante grande[53].

O uso da *Computer-Assisted Reporting* (CAR) – Reportagem Assistida por Computador –, hoje um recurso e um método extremamente valioso para a profissão, tem ajudado sobremaneira em tais investigações. A importância desse tipo de atividade jornalística tem uma legitimidade que repousa na importância imediata para os cidadãos. Estes, embora possam acessar demasiados dados, fontes e sites e mídias em geral, precisam encontrar uma referência comum amparada na credibilidade e na efetiva utilidade para sua vida cotidiana e para a liberdade e consciência com o objetivo de participar mais efetivamente da vida social. Portanto, a confiabilidade do trabalho jornalístico não deve ser perdida nem diluída. A informação precisa, além de ser veraz, amparar-se no interesse e nas necessidades sociais. O surgimento, hoje, de associações de jornalistas investigativos exemplifica a complexidade crescente de um método compartilhado e debatido, capaz de ir a fundo nos grandes temas e problemas, isto é, naquilo que se esconde e precisa ser desvendado.

O uso de fontes e a colaboração entre elas e o profissional jornalista são esmiuçados por distintos pesquisadores. A potencialidade no ciberjornalismo não deixa de existir e a responsabilidade, os métodos, os compromissos e os traços distintivos conformam uma necessidade crescente de conhecimento, aprofundamento de busca de dados, fontes e informações para atender às demandas de uma sociedade complexa.

O fato de jornalistas porem à luz do dia dados e versões relevantes publicamente e de outras atividades (policial, judicial...) não conseguirem ou não terem interesse demonstra que a atividade, com tais características, terá permanente relevância, pelo menos enquanto se sucederem eventos que comprometam a vida em comum e gerem desvio de verbas e comportamentos que prejudiquem os cidadãos e aqueles que mostrem as insatisfações sociais e individuais. Os *rankings* de violência contra jornalistas, revelados a cada ano por distintas entidades, mostram que, de um lado, os profissionais continuam importantes e, de outro, a variedade e quantidade de eventos negativos continuam a povoar o planeta e que, quanto menos justa e equitativa e mais concentradora de poder econômico e político é a sociedade, mais riscos físicos correm os profissionais. Não é à toa, quem sabe, que os menores índices de violência contra jornalistas estejam naqueles países em que a Justiça e o planejamento sociais melhor funcionam, gerando satisfação às demandas sociais e individuais e maior equilíbrio.

Por mais que haja ambiente tecnológico favorável e inclusão social na era digital – e, portanto, *acesso ao* e *domínio da* tecnologia digital e de sua convergência –, as sociedades complexas primam pela infinitude do conhecimento e, simultaneamente, por seu desdobramento em inúmeros subcampos, que exigem algum conhecimento geral e muito conhecimento especializado. Isso significa, com algum grau de certeza, que as pessoas terão ainda de viver, por razoável tempo histórico, envolvendo-se com as áreas que escolheram ou com as que foram, por falta de opção, obrigadas a assumir para seu trabalho, para sua dedicação diária.

Uma das consequências disso, a meu ver, é a necessidade de alguém trabalhar num campo específico de pautas, busca de informações, detalhamento, contextualização e relato, de forma imediata, com as técnicas textuais capazes de dar visibilidade a uma ou outra área específica e, ao mesmo tempo, permitir certo enlace social dos diferentes campos de conhecimento, seja na cobertura internacional, nacional, regional e local ou de pequenas comunidades, seja nas diferentes temáticas que habitam a necessidade ou o interesse dos indivíduos.

Em que pese as experiências artesanais, o profissionalismo, que desenvolveu métodos, técnicas e procedimentos de ordem técnica e moral, atinge em cheio, ainda, o conjunto das atividades, seja medicina, direito, engenharia ou jornalismo. Por isso, as representações e a legitimidade delas são, de determinada forma, respaldadas pela sociedade. Certamente o engenheiro ou o sociólogo não terá a mesma dedicação aos procedimentos de ordem jornalística de um profissional da área, que, por exigência, precisa buscar mais dados imediatos, confrontá-los, ouvir distintas versões, estar presente em acontecimentos e ir em busca de fontes gerais ou específicas, num ritmo tal como se desdobra o dia a dia das cidades e do cotidiano, com os elementos éticos, de linguagem e de técnica exigidos.

O fato de continuarmos com necessidade de uma representação (ou, como alguns autores preferem, *delegação* – o que não deixa de ser uma *representação delegada*) exige, de um lado, que ela assuma suas responsabilidades de forma correta e permanente, seja em uma profissão ou em um governo eleito. No entanto, as ferramentas disponíveis e o acesso a distintas informações e campos do conhecimento, de forma imediata, são ou serão mais fáceis, e isso remete, ao mesmo tempo, à ideia da continuidade das representações mas, ao mesmo tempo, de uma democracia que, além de representativa, pode ser ainda mais participativa.[54]

Isso vale para a participação mais direta e imediata também nas representações profissionais. Hoje, as críticas aos diversos setores sociais aparecem mais rápido pela internet, e o caso do jornalismo é um exemplo. A opinião e a correção de dados sobre matérias e comentários que se dão na esfera do jornalismo aumentaram significativamente, seja por meio de sites digitais especializados na área, seja na circulação de mensagens entre os próprios membros da comunidade jornalística. Estes, por sua vez, estão conectados com um conjunto de leitores e público em geral, em pequenas cidades ou grandes metrópoles. O ambiente tecnológico poderia, com o apoio do Estado, e por dever de ofício deste, favorecer enormemente a amplitude da representação e da democracia mais participativa. Os resultados dependerão, claro, do grau de consciência social e política e dos interesses em jogo. Isso porque a formalidade das representações nem sempre significa a efetivação de ideais como *liberdade, justiça* e *desenvolvimento humano e social*.

Valores como *legitimidade* e *credibilidade* da profissão estão no epicentro da atividade jornalística, com os desdobramentos em valores necessários como *liberdade* e, simultaneamente, na *responsabilidade* que exige. Tais elementos tornam-se vigas mestras da profissão e, conforme Bernier (2004), ampliam o reconhecimento da utilidade e legitimidade do jornalismo dentro de uma sociedade pluralista. E sua credibilidade se assenta no favorecimento que presta à vitalidade da vida democrática. Isso envolve, claro, não apenas notícias boas ou elogios, mas notícias ruins e críticas duras. Com tal perspectiva, pode-se falar ainda em representatividade dos jornalistas perante a sociedade. Mas isso envolve, ainda, para o prosseguimento de tal representatividade, valores que se constituíram também em novos pilares morais profissionais, que exigem sistematicamente reflexão ética e aplicação deontológica, um dever-ser que examina e leva em conta diversos aspectos no exercício cotidiano da atividade, como interesse público, vida privada, verdade, rigor e exatidão, equidade/equilíbrio, continuidade (suíte), imparcialidade, integridade, cuidado com as fontes e o problema do plágio.

Percebe-se, portanto, a recorrência de valores que se afirmaram para o exercício da atividade jornalística.

Há autores que estudam um novo cenário e o papel epistemológico e social do jornalismo, apostando ainda em uma forma na qual pesem os novos desafios. Por exemplo, Fontcuberta (2006) aponta quatro dimensões para o jornalismo do século XXI: como dimensão socializadora, como espaço de cidadania, como agente educativo, e como protagonista do ócio.

Dentro das sociedades complexas, o jornalismo teria ainda o papel de, para tomar a expressão de Borrat e de Fontcuberta (2006), um "narrador em interação", fazendo o enlace social e representando diversas esferas do espaço público, tarefa desafiadora ainda mais na Sociedade da Informação e diante da Convergência Tecnológica. Nesse aspecto, os elementos históricos do jornalismo atuam em novo cenário, mas mantêm suas características essenciais.

Ao lembrar que as novas tecnologias permitem a qualquer um buscar informações, processá-las, editá-las, andar pelos tribunais confundindo-se com os profissionais, Pavlik (2005) chama a atenção para o fato de as transformações estarem apenas iniciando. Hoje já é possível se informar mais e buscar contextualização por diferentes meios e em distintas plataformas tecnológicas. Pavlik não esquece, no entanto, de reforçar os elementos do jornalismo, inclusive os princípios éticos, que devem ser mantidos como conduta cotidiana, entre eles a questão da credibilidade e da veracidade. O autor ressalta que, no entorno eletrônico atual, está surgindo uma nova forma de notícia, que chama de *jornalismo contextualizado*, com cinco dimensões: 1) a amplitude das modalidades comunicativas; 2) a hipermídia; 3) a participação cada vez maior da audiência; 4) conteúdos dinâmicos; 5) a personalização (Pavlik, 2005). Considerando que a inclusão digital será cada vez mais rápida – a depender, claro, de políticas governamentais que apontem para isso e do interesse do mercado –, Pavlik chega a chamar o novo cenário de "uma república eletrônica do século XXI", em que o ciberjornalismo se converterá na parte crucial do novo momento jornalístico.

Com diferentes perspectivas e distintas matizes políticas, econômicas e ideológicas, parece haver o reconhecimento das potencialidades das novas tecnologias para a democracia social, para a participação e para as escolhas mais conscientes da sociedade, resultado de um novo cenário ideal. Nele, os interesses midiáticos hegemônicos hoje ficariam sob maior pressão pela vivência cotidiana e expressa por infinitas fontes, em variedade enorme de meios, em diferentes suportes, com controvérsias, discussões e escolhas que poderiam passar ao largo da mediação tradicional midiática, exercida por profissionais a serviço das grandes mídias. Seria um novo espaço, já visível, de novos trabalhos, ocupações, empregos, serviços. Naturalmente, o jornalismo cívico pode partir de estímulos governamentais, do Estado, de ONGs, de segmentos os mais variados.

O que chama minha atenção, em particular, é se o novo cenário prescindiria de profissionais que se dediquem ao jornalismo o tempo inteiro – e, portanto, com ocupações distintas das dos médicos, professores, pesquisadores, químicos, agricultores, encanadores etc. –, ou se as informações vão se misturar a tal ponto em que não tenhamos mais distinções narrativas nem selos de qualidade ao trabalho e à disseminação de conteúdos no imediatismo e atualidade que exigem. Talvez não seja "bem assim", e o patrimônio ético, de linguagem, de estruturação do texto, dos métodos de trabalho, de checagem e apuração de informações, de valores como credibilidade, veracidade e legitimidade pode apontar traços distintivos que não se extinguem e, sim, reforçam a ideia de *profissão* – e, portanto, de *formação*.

Outra questão a ser observada é que o público, de alguma forma, precisa de um meio que comparta, em escala global, a controvérsia pública, estimulando comentários e repartindo ideias, opiniões, informação e conhecimento, não se reduzindo a grupos étnicos, culturais, sociais etc. Isso faz com que as experiências sejam, de fato, enriquecedoras mas insuficientes, não se abrindo mão das políticas públicas de comunicação, tais como o esperançoso projeto de uma TV Pública no Brasil, ou um sistema de comunicação público, com estímulo do Estado mas sem seu controle, que caberia à sociedade civil e suas instituições/entidades, tarefa igualmente não muito fácil, dado o número de atores, representações e, nesse meio, disputas políticas e muitas vaidades pessoais.

A profissão jornalística atua por meio de rádio, tevê, internet, imagem fotográfica, sites, jornais e revistas. Profissionais trabalham como empregados e como pessoas jurídicas; como trabalhadores temporários e como prestadores de consultoria. Nenhuma dessas novas vertentes profissionais parece eximir qualquer profissional de determinados princípios, porque seu fazer se reflete no conjunto de pessoas a quem se dirige e tem, nele, uma mediação e, em alguns casos, uma bússola para seguir adiante nos processos de escolhas sobre o cotidiano e o presente imediato, objeto central do jornalismo.

Os princípios profissionais, defendidos ao longo do século XX, reafirmam-se como valor moral, mas, ao mesmo tempo, sofrem determinadas coerções, de ordem política, econômica e cultural. Hoje, efetivamente, os conglomerados midiáticos, a mídia cruzada e as megafusões empresariais levam empresas que produzem jornalismo a considerar tal produção apenas uma das tantas existentes em seus negócios, embora reafirmem, em seus códigos eticodeontológicos, princípios e valores inalienáveis, como verossimilhança, interesse público, isenção, pluralidade, respeito à privacidade, independência, credibilidade, exatidão. Tais princípios encontram-se, portanto, nos documentos eticodeontológicos produzidos por profissionais e por empresários da área jornalística. A especificidade dos procedimentos éticos é objeto, hoje, de vários e crescentes estudos na área jornalística.

No jornalismo, há um percurso histórico de palavras como *interesse público*, *verossimilhança*, *exatidão* e a sempre perigosa e delicada *verdade*. Tais palavras e conceitos remetem a Valores, ao que seria melhor, ao mais correto ou mais equivocado, ao mais certo ou mais errado, enfim, a expressões que consubstanciam ideias valorativas morais, éticas... *deontológicas*. E remetem à ideia de profissão, que tem na *veracidade* um dos conceitos-base de sua responsabilidade profissional teórico-prática. Mas por que seria importante trabalhar com a veracidade e por que seria relevante divulgar fatos e versões verazes? E qual sua relação com a sociedade? É porque há – e nisso o século XX e início do XXI estão repletos de exemplos, debates e documentos – uma forma técnico-moral de exercer a profissão. Os códigos profissionais, de procedimentos ou conduta, entre eles alguns referidos neste livro – ainda que como princípios para uma busca incessante e imperfeita –, sabem que as expressões, embora variáveis, convergem para uma maneira de exercer a atividade em todos os países em que o jornalismo se consolidou de forma bastante profissional.

A questão da verdade, por exemplo, essencial como fundamento do trabalho jornalístico e um de seus pilares centrais, não é de fácil viabilização. O fundamento ético que a busca e a operacionalização técnica para que se realize implicam diversas gradações de métodos e reflexões. Somente este valor, *verdade*, implica um traço já bastante preocupante no novo cenário do ciberjornalismo dentro da convergência tecnológica e com a perspectiva de uma Sociedade da Informação. Há certa complexidade na busca pela verdade que redobra, atualmente, o trabalho distintivo jornalístico. Conforme Daniel Cornu (1999, p. 321), há uma complexidade das "ordens de verdade":

> [...] verdade dos factos (num espírito próximo do cientista), verdade das opiniões e dos julgamentos (fundada sobre uma hermenêutica crítica), verdade das formas de expressão jornalísticas (por analogia à problemática da verdade na arte e na literatura). A complexidade das ordens de verdade supõe por isso um primeiro nível de pluralismo elementar na procura da verdade, que é o dos seus tipos de objectos, sobre o qual se constrói um

segundo nível próprio dos sujeitos da procura, inúmeros, porquanto não pode existir "verdade sem sujeito".

Se a humanidade está cada vez mais entrelaçada em ritmos, interesses e poderes, alguém teria de fazer esse trabalho de apuração, busca, disposição de temáticas para constituir um espaço – ainda que com limites de variada ordem – de interlocução pública e coletiva, e expressá-lo de forma imediata, plural, contraditória, polêmica. E fazê-lo profissionalmente, como centro de sua atividade cotidiana. A busca pela verdade, reconhecida socialmente e consensual por verificação, documentação, fatos e versões, é tarefa complexa, mas que se incorpora, gradativamente, a uma cultura profissional que dela depende, como a jornalística. Nesse sentido, pode-se defendê-la como socialmente legítima.

Quem trabalha assim faz de sua atividade precisamente isso, uma profissão comprometida com seu *ethos* específico e social.

Na Sociedade da Informação e diante da convergência tecnológica, o *ethos* profissional jornalístico parece, a meu ver, ampliar sua responsabilidade para, de um lado, ter efetiva legitimidade social e, de outro e ao mesmo tempo, ser portador de uma credibilidade que o qualifique para a representação social, No entanto, os possíveis marcos regulatórios no ciberjornalismo enfrentam dificuldades que reforçam a relevância dos aspectos eticodeontológicos em relação ao campo jurídico[55]. Se bem consolidada, tal perspectiva qualifica a representação de mundo que os jornalistas tentam cotidianamente viabilizar. As normas jurídicas, aplicadas à sociedade virtual, têm, ainda menos do que na sociedade não virtual, poucas possibilidades de eficácia significativa.

Assim, a cultura profissional eticodeontológica, com todos os problemas, limites e dilemas cotidianos, constitui ainda um dos principais pilares da atividade jornalística e, por extensão, do ciberjornalismo. O desafio jurídico é o de se redefinir, de forma eficaz e quase simultânea, diante dos impactos de um mundo virtual em que é difícil estabelecer marcos regulatórios ágeis, eficazes e persistentes. Por isso, a questão ética no ciberjornalismo assume uma posição que se antecipa ao direito ainda de forma mais urgente e complexa do que no jornalismo anterior à convergência tecnológica e à chamada sociedade da informação. Com tal perspectiva, ainda poderíamos chamar jornalismo de Jornalismo.

E os dilemas? A sobreposição da ética ao direito e as escolhas possíveis exigem um alto grau de profissionalismo. E serão objeto, certamente, no exercício técnico e ético da atividade na Sociedade da Informação e no mundo da convergência tecnológica. É um mundo em que as questões cruciais, diante da convergência, terão mais respostas talvez no campo ético do que no jurídico, redobrando-se a importância das palavras *credibilidade* e *legitimidade*.

Por isso, a profissão ganha responsabilidade maior se quiser permanecer como tal e avançar em sua consolidação, modificações e atualização. Tais aspectos poderão ser levados em conta por *não jornalistas*, mas com mais dificuldades, a meu ver. Estes terão dificuldades, com a mesma intensidade, detalhamento e compromissos, de exercer a atividade como os profissionais da área. Enfim, quem está trabalhando na medicina, no direito, na engenharia, na investigação sociológica, na venda de pipocas, na agricultura, na confecção de músicas estaria em condições de produzir o mundo da informação com os critérios jornalísticos? E, se assim fosse, qual a durabilidade, credibilidade, legitimidade e atualidade do produto? Uma coisa é exercer o jornalismo a cada minuto, com sua carga teórica, ética e técnica; outra é ser fonte ou colunista especializado em sua área, funções buscadas incessantemente pelos profissionais jornalistas ou exercidas livremente na mídia, com a autonomia, responsabilidade e opinião próprias do comentarista. Uma coisa é a opinião livre; outra é o compromisso com o desdobramento dos acontecimentos e versões e sua confecção específica usando os critérios jornalísticos.

O fato de tais critérios terem dificuldades de aplicação diante das pressões de ordem política, econômica, ideológica ou mercadológica significa que não há nada mais a fazer e que a profissão chegou ao fim, pelo menos com esse nome de jornalismo e com os valores que se tentou implantar ao longo do século XX? Ou ele ganha fôlego com a Sociedade da Informação e com a convergência tecnológica, cultivando ainda mais sua especificidade e seus traços distintivos em relação a outras atividades? As condições dadas à democratização dos processos de comunicação e de informação estão postas. Por que não se realiza plenamente? Qual o papel do Estado e dos profissionais, dos segmentos sociais e das organizações para implementar o projeto democrático na mídia? Ou a informação sobre o que se passa não tem tanta importância assim para os cidadãos e o jornalismo, embora possa sobreviver com esse nome e seus critérios, seria dispensável para a sociedade?

A Sociedade da Informação e a facilidade tecnológica parecem estar tensionando a hegemonia das grandes corporações, mas, contraditoriamente, são necessárias grandes mídias para existir um compartilhamento social comum daquilo que se passa. E mais: como nenhuma grande mídia ou mídia hegemônica pode dar conta de todos os interesses e do cotidiano em que ocorrem fatos e seu desdobramento em versões, é quase natural a demanda por novas mídias, com novas abordagens, novos temas, fortalecendo a necessidade de segmentação e de diversificação de propriedades e de fontes.

A preocupação ética cresce à medida que aumenta, nas sociedades contemporâneas (em que se reconhece, como retórica e como configuração jurídica, certa variedade de valores emancipatórios e de direitos, ao menos consagrados em muitos países, fruto da modernidade), o recrudescimento de valores e ações que geram ou significam a xenofobia, a intolerância política e religiosa, a discriminação sexual e étnica, a violência, a criminalidade, a incapacidade física e/ou mental, as catástrofes ambientais. Não poucos especialistas estão envolvidos com estudos de tais questões, e não poucos pesquisadores tratam delas à luz do papel da informação midiática e específica jornalística.

Lembrando que, apesar das resistências aos códigos eticodeontológicos na comunicação e no jornalismo (dividindo entre os que consideram que eles não servem para nada porque querem fazer outro uso que não o correto da informação, porque não consideram que sejam aplicáveis ao dia a dia devido aos constrangimentos e às pressões da atividade; e os que acham que são insuficientes), eles redobram sua importância como referencial comum para os profissionais e para a sociedade, Hugo Aznar (2005, p. 55) defende o *reforço do ideal de compromisso ético do jornalista*:

> La existencia de graves problemas sociales exige el compromiso de todos con su eliminación, incluídos los medios y quienes trabajan en ellos. De ahí que los periodistas deben recuperar un cierto ideal perdido o debilitado de compromiso con la mejora de la sociedad. Bien entendido que este compromiso no es político ni ideológico, sino ético. Y no de ética en general, que también, sino sobre todo de ética de la comunicación.

Aznar faz um recorrido na variedade de códigos éticos que devem servir como referência para os jornalistas e confirma as suspeitas. Apesar de os discursos de que eles são inúteis, inaplicáveis ou de que não existe uma ética jornalística ou da comunicação, todos apontam para a necessidade de determinados procedimentos que são, precisamente, a culminação de um exercício moral profissional; de um dever-ser que se configura, na prática, como o resultado de uma reflexão e de uma experiência histórica de ordem prático-filosófica; de um saber prático que não prescinde de uma epistemologia; de uma teoria moral, dadas a responsabilidade social e a relevância que a atividade profissional jornalística adquire no seu traço distintivo perante a sociedade, fazendo com que a profissão, para manter e consolidar socialmente seu *status* ontológico, ético e técnico, mantenha acesa a luta pela consecução de princípios que seguem o rastro das revoluções democráticas que incluíram em seus documentos oficiais o direito de expressar-se, de saber o que ocorre, de informar-se adequadamente para conhecer o entorno, incluindo-se estes entre os modernos direitos civis.

Isso implica um conjunto de questões comuns ao jornalismo, dada sua responsabilidade por temas, fatos e versões da atualidade, que emergem a cada minuto no planeta, e exige uma crescente especialização para tratar de temas tão complexos e com tantas vertentes. Exige não apenas uma formação adequada, o que não seria pouco, mas sucessivas especializações para lidar com a variedade infinita de campos e subcampos do conhecimento. A forma de abordá-la e tratá-la, a jornalística, implica que o profissional redobre sua responsabilidade.

Tal perspectiva aumenta, a meu ver, com a segmentação informativa. Dado o volume de informações, fatos e versões em quase infinitos campos de conhecimento, os critérios acabam por ser levados também para o exercício jornalístico em grandes ou pequenas mídias, em veículos (em qualquer plataforma tecnológica) que tratem de genética ou da corrida de cães, facilitando o acesso mais imediato e claro ao que ocorre imediatamente no cotidiano e no entorno geográfico.

Observando a produção atual de conhecimento e de fatos que circulam de diferentes formas, de bibliotecas a veículos jornalísticos voltados para uma pequena comunidade, exigindo acompanhamento, seletividade e determinado ritmo; envolvendo interesses e necessidades específicas e imediatas em fluxos internacional ou local; exigindo divisão de funções ao mesmo tempo que pede profissionais multimídia para quaisquer plataformas tecnológicas; exigindo distinção no tratamento do conhecimento, do fato ou das fontes nos diversos gêneros e nas diferentes editorias; exigindo capacidade de apurar e editar, pautar e entrevistar, coletar e redigir, investigar e conferir, e de colocar de forma qualificada, atrativa, verossímil e legítima; "traduzindo" campos herméticos ou buscando certa isenção ao lidar com pontos de vista que podem ser até mesmo contrários ao do profissional, certamente o aprendizado e a experiência cotidiana sistemáticos podem pedir um *campo distintivo profissional*, um campo de aprendizado e de saber específicos e determinada forma de trabalhar. Isso poderia atestar, ainda, que a *legitimidade* e a *credibilidade* são dois valores centrais da atividade jornalística amparados, entre outros valores, nos de *representação/delegação*, *responsabilidade* e *liberdade*, que não constituem, senão, vértices dos próprios direitos civis nas sociedades democráticas.

Esse cenário se complexifica com a Sociedade da Informação e com a convergência tecnológica, mas o crescimento da complexidade humana e do entorno social vem desde a Antiguidade greco-romana e dos debates e relatos de então.

Dentro da perspectiva de uma teoria do jornalismo que culmina no discurso representativo da realidade ou de parte dela, a linguagem é elemento essencial para seu desdobramento.

O JORNALISMO: RITMO CONTEMPORÂNEO E SEGMENTAÇÃO INFORMATIVA

O RITMO SOCIAL CONTEMPORÂNEO, não necessariamente criado pela informação e pelo conhecimento, mas refletido neles, gera significativa variedade de campos de produção de saberes. Surge então, parece-me, como necessidade técnica e moral, a segmentação de meios de informação que tratem deles. Estes, embora conectados, movem-se por meio de especificidades. A informação segmentada contribui para o conhecimento mais amplo das particularidades sociais e alarga, pelo menos como possibilidade, o presente, podendo, sobretudo, fazer a ponte entre a especificidade de uma área com o todo social.

A tentativa de organizar o mundo por editorias, temas e segmentos tem razão de ser. De um lado, seria bastante complicado que as notícias fossem lançadas aleatoriamente de acordo com a vontade dos editores ou conforme a chegada nas redações, pela ordem cronológica em que os fatos fossem acontecendo... e dentro do mesmo espaço editorial, ou ainda, que não desse importância aos interesses e às necessidades com que distintas pessoas e públicos se defrontam ou buscam todos os dias.

De outro lado, o volume de informação e de conhecimento produzido hoje corresponde a um ritmo social bastante intenso, colocado a si mesmo pela humanidade, pelo Poder, pela lógica de funcionamento social. O ordenamento de tudo isso e sua disposição editorial sequer correspondem ao conjunto de fatos, versões e interpretações produzidos cotidianamente, a cada 24 horas, a cada minuto ou segundo. Há, portanto, parece-me, certa relevância e coerência na exigência da seleção dos fatos, nos critérios de noticiabilidade que os regem, na hierarquização e disposição no texto, em qualquer suporte tecnológico. Para dar um exemplo, vou tomar a organização rotineira das editorias, das coberturas cotidianas e imediatas. Cada uma delas poderia se tornar um periódico diário em diferentes plataformas tecnológicas ou, como agora é mais conhecido no ciberjornalismo, um periódico contínuo, que se renova a cada instante.

A diversidade de mídias em que se pode exercer jornalismo é bastante grande. De jornais a revistas, de rádio a televisão e ao ciberjornalismo – que pode concentrar todos os outros –, o jornalismo leva em conta ainda a divisão geográfica, sejam países, estados, municípios, bairros; traduz-se em projetos de mídias comerciais, públicas, estatais, partidárias, de organizações não governamentais, universitárias; envolve diferentes públicos, sejam categorias profissionais, grupos étnicos, religiosos, sexuais, folcloristas e assim por diante. E, nessa infinita variedade, pode ser produzido por distintas mídias, em suas muitas plataformas tecnológicas. E, ainda, em termos de periodicidade: diário, semanal, mensal, instantâneo ou *on-line*...[56]

Conforme Wolton (2006, p. 123), "precisamos da imprensa generalista, do rádio e da televisão para garantir o laço social, assim como precisamos das novas tecnologias da informação e da comunicação e das mídias temáticas para satisfazer as aspirações individualistas crescentes".

O objeto do jornalismo e os limites para tratá-lo existem em todas as mídias, por quaisquer suportes. Daí, a meu ver, redobra-se a necessidade de veículos segmentados e *profissionalmente segmentados*, ainda que os não jornalísticos sejam reais, legítimos etc. Mas é preciso, como situou Wolton, saber *de onde falam uns e outros*, com qual *legitimidade* e *credibilidade*, segundo os critérios pelos quais se lutou muito e pelos quais foi se configurando a atividade profissional jornalística durante os séculos XIX e XX, apesar de sempre envolver limites de ordem política, econômica e mercadológica.

Segundo Becerra (2003, p. 77), no início dos anos 1980 a agenda não econômica ocupava parte dos debates na mídia dos Estados Unidos e da Europa, mas, gradativamente, foi sendo relegada a espaços cada vez mais "alternativos". Talvez tal aspecto reforce a ideia de uma "necessidade crescente dos indivíduos", seja porque estão fora do processo ou porque não se sentem satisfeitos pela informação e conhecimento fornecidos por grande parte da mídia. Embora esta tenda a fornecer um grau de satisfação de acordo com as demandas individuais de variadas ordens, não se deve esquecer que os indivíduos não têm um momento de chegada que os satisfaça plenamente a ponto de não quererem seguir adiante (com exceção dos que desistiram do mundo – e mesmo assim não por satisfação). Esse cenário individual, que se reflete no movimento cotidiano das sociedades, exige algumas satisfações informativas, que tenham que ver com seu mundo imediato, com sua realidade cotidiana, com seus interesses e necessidades diários. Isso não ocorreria *apenas* se os indivíduos estivessem plenamente realizados e as sociedades fossem justas e satisfatórias e os governos/empresas/Estados correspondessem à vida plena em termos de bem-estar, em todas as áreas, da educação à saúde, da habitação à alimentação, do lazer ao consumo.

A segmentação e diversidade favorecem o conhecimento sobre a multiplicidade do presente, envolto por distintas áreas com deficiência de informação e de conhecimento. Favorecem e criam um ambiente propício para versões não visíveis na mídia tradicional, para fontes pouco ouvidas, para interpretações mais contextualizadas. São informações e relatos sobre o conhecimento e a cultura produzidos no âmbito das Assembleias Legislativas, das Câmaras Municipais, das assessorias de imprensa, das tevês e rádios públicas e universitárias; das agências noticiosas de ONGs e de universidades; dos governos municipais, estaduais e federal; do chamado terceiro setor; de sistemas públicos midiáticos como é o caso da TV Senado, TV Câmara, TV Justiça. Eles devem existir não para fazer a apologia de tais áreas, mas para disseminar e debater o conhecimento e a informação produzidos por um mundo plural que atua e repercute internamente, em tais setores, o próprio movimento contraditório das ruas, que culmina em acontecimentos, em versões diferenciadas e, seguidamente, em suas representações institucionais. O surgimento de novas mídias e sua profissionalização em segmentos de áreas das ciências humanas, das ciências da saúde, das ciências exatas e das ciências sociais aplicadas talvez reforcem tal perspectiva.

Com a produção inesgotável de conhecimento, de informação, de cultura, em versões que se autoproduzem e renovam-se diariamente, reacende-se também a relevância do profissionalismo na mediação e no trabalho que vai da apuração à edição do conjunto enciclopédico que é produzido pela humanidade e deve ser colocado imediatamente à disposição do público. Essa perspectiva não invalida o conjunto dos outros processos informativos e comunicacionais, mas deve, a meu ver, manter um traço distintivo em relação a eles.

Certamente há deficiência de informação, de conhecimento e de cultura em qualquer mídia e suporte tecnológico – dados o ritmo social e a produção de informação e de conhecimento contemporâneos, de fatos imediatos e de versões e opiniões sobre eles. Com o surgimento da TV digital, renova-se tal necessidade. Assim, governos estaduais e municipais, universidades e centros de ensino superior, secretarias de estado e órgãos derivados do Executivo, organismos federais de base estadual, organismos de categorias profissionais e empresariais, parlamentos estaduais e municipais, pequenos e médios veículos regionais têm, na realidade diária, elementos para a busca de conhecimento, que vai da produção agrícola ao problema do latifúndio, da expansão e complexidade urbana aos novos comportamentos sociais, das descobertas científicas ao uso de medicamentos, da produção teatral e cinematográfica aos campeonatos futebolísticos de bairro, dos índices de saúde aos índices de emprego e desemprego e suas consequências... O ambiente da *Sociedade da Informação* e da *convergência tecnológica* favorece, paradoxalmente, na era da concentração midiática, tais perspectivas. A segmentação pode, salutarmente, envolver produções imediatas jornalísticas de entidades de distintas áreas, como ressaltei. Enfim, há um universo que se mexe e que mexe com o desdobramento imediato da realidade permitindo uma participação mais intensa e controversa e que, com isso, alimenta as bases da própria democracia social.

É necessária uma repartição comum que suscite comentários, e isso parece exigir, além de meios segmentados, outros também compartilhados em grande escala social.

Se levarmos em conta a variedade de campos de conhecimento e produção de fatos que podem ser de interesse e necessidade sociais, os relatos sobre eles precisam de traços distintivos e direcionados, imediatamente, a quem vive determinadas situações. Não apenas uma rede nacional de tevê pública pode ser interessante e relevante, mas inúmeras mídias, públicas ou vinculadas ao terceiro setor, a organizações da sociedade civil e a empresas privadas ou mistas. O próprio trabalho de apuração e edição exige uma espécie de refinamento textual, próximo do trabalho jornalístico, para que as mensagens sejam entendidas, assimiladas, compartilhadas, participadas... e haja um retorno em forma de conhecimento qualificado.

Conforme Becerra (ibidem, p. 134-35), os traços da Sociedade da Informação seriam:

> [...] la información se convierte en insumo cardinal y en la fuerza movilizadora de los procesos productivos por excelencia; el costo de la producción y procesamiento info-comunicacional es decreciente; se incrementa exponencialmente la capacidad de producir, procesar, almacenar y enviar volúmenes cada vez mayores de información; el verdadero problema se traslada entonces al acceso social y a la habilidad de codificiación y decodificación.

No mundo globalizado, da possibilidade de acesso às informações e ao conhecimento, por quaisquer pessoas, uma pergunta insiste em rondar o jornalismo: pode ele continuar prestando serviços essenciais ao cidadão, em termos de serviços ou de dados, disposição de fatos e de versões para que os indivíduos estejam conectados aos outros de forma imediata e possam opinar e escolher com discernimento e autonomia?

Pode-se argumentar, por exemplo, que as demandas informativas no mundo simultaneamente globalizado e segmentado podem gerar melhor jornalismo de dentro para fora do que de dentro para fora do próprio jornalismo. Ou seja, se há necessidade e possibilidade de instituições públicas e privadas produzirem informação e conhecimento e estes podem ser acessados imediatamente por quaisquer pessoas, dependendo de seu grau de instrução e domínio/inclusão tecnológicos, a mediação profissional jornalística seria ainda necessária? Ou o jornalismo, modificando-se no novo cenário da Sociedade da Informação e da convergência tecnológica, vem sendo executado também no que antes se chamaria assessoria de imprensa ou de comunicação?

Ou, avançando um pouco mais, deve-se reconhecer que, com os limites operativos de ordem política e econômico-financeira, o jornalismo das "redações", agravado pela sociedade da mídia com setores outros do processo produtivo e com a hibridização do noticiário, estaria deixando a desejar? Isto é, as empresas não jornalísticas talvez estejam produzindo melhor conteúdo e apresentação estética da informação e do conhecimento imediato, incorporando profissionais jornalistas, do que empresas jornalísticas, que poderiam estar se dirigindo ao hibridismo informativo/publicismo como sobrevivência. Assim, jornalistas assessores poderiam, em última análise, produzir melhor conteúdo, com as características técnicas, teóricas e estéticas do jornalismo, do que os limitados pela pressão interna dos veículos da área. Sobre a questão ética, na medida em que os valores profissionais históricos são coagidos pelo conjunto de acionistas, anunciantes e proprietários que não o são só de empresas da área – com os interesses globais de outros produtos –, ela poderia mesmo estar ainda mais limitada do que nas assessorias, desde que se veicule e dissemine bem o conjunto de fatos e versões produzidos por quaisquer setores, seja o de saúde, o agrícola, o dos trabalhadores em todas as áreas. Esse é um dilema colocado pela globalização no âmbito econômico-financeiro que pode ser resolvido pela irrupção de veículos segmentados e de fácil acesso e participação/debate no âmbito das novas plataformas tecnológicas.

Diante de tal perspectiva, os indivíduos e os movimentos sociais, os setores segmentados, as entidades e instituições públicas e privadas preocupados com a informação jornalística têm um cenário – embora desfavorável no plano global hegemonizado pelo fundamentalismo de mercado – favorável para a realização de projetos que apontem para a democracia e para a melhor execução da atividade jornalística, com seus critérios éticos e técnicos qualificados. É um desafio e uma esperança, sem bola de cristal. Mas certamente com muita formação, pesquisa e trabalho pela frente.

Considerações finais

> O conteúdo do futuro que estamos construindo depende, fundamentalmente, do conteúdo da concepção que vai movimentar o processo e em qual dos sentidos possíveis irá fazê-lo. A inteligência e o pensamento – quer dizer, os indivíduos, pois eles são a unidade irredutível da consciência – não podem abrir mão dessa responsabilidade diante da história, dessa dívida que a sua consciência deve resgatar diante da humanidade que ela está ajudando a construir. Cada um deve assumir-se integralmente como sujeito político, teórico, ético e moral.
>
> ADELMO GENRO FILHO[57]

DEPOIS DE TRATARMOS DE temas controversos do ângulo da atividade jornalística em seus aspectos éticos, parece-nos bastante nítida, ainda, a subjetividade aberta pelas observações feitas. Dessa forma, também achamos que, para algum grau de avanço em direção à constituição de referências éticas para o jornalismo, precisamos inscrevê-lo tanto na filosofia quanto na política.

A constituição de um campo ético no jornalismo deve reconhecê-lo como uma atividade imprescindível contemporaneamente para o conhecimento global e imediato da realidade, em sua aparência de relatos de fatos e nas concepções que embalam as versões. Também a constituição de uma teoria do jornalismo, que o reflita e o projete à frente – não como refém da prática, mas como insubmissão diante dela –, levando em conta as amplas possibilidades de esclarecimento do mundo e de resolução de problemas reconhecidos como tal, contribuindo para a formação de sujeitos *"políticos, teóricos, éticos e morais"*, é um passo indispensável para um futuro que não seja apenas arremedo do presente.

Assim, o campo da filosofia do jornalismo, com uma concepção que o abra para a universalização do fenômeno, inclusive em seus aspectos técnicos, reforça o caráter de conhecimento proporcionado pelo *jornalismo*, com desdobramentos no reconhecimento da especificidade ética da profissão e em sua qualificação prática cotidiana.

Ao mesmo tempo, a ampliação do grau de consciência do profissional diante de sua atividade diária, com base em pressupostos filosóficos dessa atividade, reforça no movimento da consciência a importância epistemológica do jornalismo. Para isso, os debates sucessivos são importantes. Nessa linha, os códigos, referências formais, devem ser objeto de discussão permanente, tanto para ser questionados quanto interiorizados pelo profissional. Igualmente, o debate, parece-nos, não pode ficar restrito à categoria dos jornalistas, uma vez que a realidade múltipla – objeto do jornalismo – que acompanha o movimento da humanidade, por meio de sua reconstrução simbólica, interessa a todos os indivíduos, em cuja vida repercutem fatos ocorridos nas mais remotas regiões. Assim, é importante que mesmo as camadas não diretamente envolvidas com a produção de informação saibam como se movimenta o mundo jornalístico e de sua imprescindibilidade para o presente e o futuro humanos. O jornalismo deve ampliar, portanto, o seu reconhecimento profissional, político e moral.

O surgimento de uma teoria da ética jornalística, simultaneamente à própria teoria do jornalismo, não pode esquecer que, no campo da política, a democracia nos meios de comunicação, como a propriedade diversificada dos veículos, a segmentação do mercado e ampliação de meios e proprietários, pode ampliar a pluralidade de fontes e expressar mais a diversidade social.

A democracia nos meios é requisito para que tenhamos maior liberdade de escolha diante do futuro que estamos construindo e que passa pelo acesso ao presente produzido pela humanidade. Portanto, o envolvimento com a luta política inclui o reconhecimento teórico e prático da necessidade de democracia informativa, onde se inclui, enfatizamos, um movimento pela intervenção pública nos meios existentes hoje, especialmente com relação à radiodifusão, tais como conselhos editoriais, regionalização qualitativa da produção jornalística, artística e cultural.

Além da constituição de uma teoria do jornalismo e de uma ética específica, aliadas à luta política pela democracia informativa, é necessário que o profissional se empenhe na elaboração e consecução de pautas, na apuração dos fatos, na qualidade da forma e linguagem do trabalho, na edição e no acompanhamento sucessivo dos desdobramentos de acontecimentos tornados fatos jornalísticos. Isso inclui o acesso às fontes e o acesso do público aos meios, envolve a circulação e a abrangência geográfica da informação.

Sem teoria não vamos a lugar algum, a não ser ao "porto do acaso" ou à exclusividade do tormento. Só com ela nos descolamos da relação entre filosofia, política e cotidiano, por onde afirmamos diariamente a profissão.

Mesmo com a possível interdisciplinaridade ou com a diversidade de paradigmas aplicados, o jornalismo pode ter um campo epistemológico e ontológico autônomo, somente por meio do qual é possível relacionar-se com a totalidade. Isto é, se há nexos entre as partes, é preciso reconhecer que também há partes. Qual parte cabe ao jornalismo? Só uma teoria pode explicar. *Qual* parte ou âmbito da ética jornalística? Só uma teoria da ética jornalística pode circunscrever. Afinal, se não houver um grau mínimo de autonomia ou o reconhecimento da diferença, não será possível respeitar *uma* ou *outra* atividade profissional, um ou outro campo de conhecimento.

Há diferentes formas de conceber o mundo e diversas maneiras de se relacionar com a sociedade e compreendê-la. Há fatos e versões de fatos, há teorias e versões de teorias. *No jornalismo, essa é a convergência na qual se assentam as suas premissas*. Ele é a busca dessa diversidade e a janela pela qual todos nós podemos, potencialmente, conhecer, de forma imediata e global, um pouco mais do outro, talvez um pouco diferente do que então achávamos, mais além do que se descortina à nossa frente. É a forma possível de tomarmos pé do mundo, de maneira rápida, ágil, imediata, global, periódica.

Por isso, circunscrever a ética a uma teoria do jornalismo envolve o reconhecimento global da necessidade da teoria, da filosofia, da ação política, da qualificação profissional, do esclarecimento social da atividade, da dignificação salarial da profissão.

O profissional jornalista não está descolado da estrutura da propriedade dos meios nem da estrutura na qual eles se relacionam. Construir a humanidade em direção à liberdade é deixá-la, também, manifestar-se global e diversamente, pela mediação imediata, global e massiva da atividade *profissional* que permite isso contemporaneamente: a jornalística.

Tal como o método dialético na abordagem de um trabalho, o indivíduo que amplia sua participação no mundo e atua na construção de uma prática profissional ancorada em uma teoria da atividade que desempenha necessita levar a própria dialética para a cotidianidade em que se move, num processo infinito tal como a própria humanidade. Assim, o dia seguinte não será apenas um reflexo espontâneo do anterior. Mas para que não seja isso é preciso que o dia anterior seja o presente que diz *não* a si mesmo, porque o mundo não é dado para sempre nem à humanidade que nele habita. É algo construído pelos homens e, entre eles, jornalistas que, preocupados com sua atividade, sabem que a rebeldia e a desconfiança constituem-se eixos não teológicos, eixos que suspeitam das certezas prévias.

O jornalismo pode ser revolucionário, apanhando os fenômenos a partir da singularidade. Assim, pela forma do jornalismo, chega-se a seu conteúdo universalizador porque, conforme defende Adelmo Genro Filho (1987, p. 212), a singularidade "tende a ser crítica porque ela é a realidade transbordando do conceito, a realidade se recriando e se diferenciando de si mesma".

O conteúdo universalizador do jornalismo contribui para o projeto de conhecimento e liberdade humanos. Mas ele será plenamente mediado quando pudermos, nas páginas dos jornais, nos portais da internet, nas imagens de TV, nos sons das emissoras de rádio, grandes ou pequenas, no processo de convergência tecnológica, em enormes metrópoles ou pequenos povoados, em Recife ou Caruaru, em São Paulo ou Xapuri, em Paris ou Mogadiscio, em Ruanda ou na Bósnia, em Jerusalém ou Trípoli, em Barcelona ou Bagé, ver, precisamente, "a realidade transbordando do conceito, a realidade se recriando e se diferenciando de si mesma".

A ética jornalística, extraída de uma teoria do jornalismo com esse estatuto, contém um irrecusável e indesmentível papel para o processo de universalidade e liberdade humanas.

Epílogo[58]

PARA ONDE VAI O jornalismo? Para onde vai a civilização? Diante de fatos tão surpreendentes quanto cruéis que se repetem, muitos se perguntam sobre o que o jornalismo deve priorizar e para que lado estamos indo como sociedade.

Um dos fatos mais relevantes do andar humano, ocorridos em 2013, é o dos olhos arrancados de um menino de 6 anos na China para – como hipótese principal – venda clandestina de órgãos humanos.

De um lado, colocam-se em xeque valores universais constituídos a partir de um patrimônio comum, ainda que como ideal a ser buscado, produto da modernidade, das repúblicas, da ideia de democracia contemporânea na era dos direitos civis. Muitos deles se esfarelam a cada minuto na aventura humana.

O jornalismo de referência, diante do papel que se atribuiu como contrapoder ou quarto poder, sucumbe, em parte, ao ritmo das redes sociais e a seus *cliques*, que expressam o próprio ritmo de uma humanidade que tem um futuro aberto, desde uma realização mais plena de determinados direitos propostos nos últimos 300 anos até o próprio aniquilamento do outro por simples imposição da vontade particular.

O papel de esclarecimento, proposto idealmente pelos fundamentos da instituição Imprensa, no limiar dos séculos XVIII e XIX, concorre com informações rápidas, voláteis, perecíveis e, em muitos casos, interessantes, mas inúteis para o projeto humano coletivo e solidário, que hoje representa apenas uma parte – e talvez cada vez menor – dos habitantes do planeta.

Ao tratar de questões éticas atuais, Hugo Aznar (2005) chega a dizer que o jornalismo deve dar preponderância a grandes temas que estão no centro da sobrevivência humana e a colocam sob risco: a questão ambiental, a violência, a pedofilia, as guerras, a xenofobia, o racismo, a intolerância, a informalidade do trabalho a qualquer custo, em qualquer coisa e em qualquer idade e outros assuntos estratégicos que devem estar na agenda cotidiana e durável da cobertura jornalística.

A gradativa perda de valores universais e compartilháveis, produto de um convencimento histórico – e não necessariamente apenas da coerção legal –, aponta para algo a ser debatido imediatamente e com um mínimo de esclarecimento. Tal perspectiva parece dar ainda ao jornalismo clássico – ou àquele dos ideais mais democráticos – uma tarefa importante. Em tal cenário, como o jornalismo pode se diferenciar, de forma imediata, massiva e planetária? Como poderia ajudar à compreensão social, a um presente inteligível e compartilhável?

Para Aznar, as causas, contextos e soluções devem ser mais importantes até do que a sucessão enorme de fatos e factoides... sendo estes apenas o ponto inicial – e apenas alguns deles, claro. A mídia e o jornalismo devem propor uma agenda contemporânea mais intensa e duradoura ao redor de determinadas temáticas, retomando-se alguns ideais do Iluminismo constantes em expressões como *liberdade, igualdade, fraternidade...* Aos fatos, devem ser acrescidas interpretações mais densas e complexas, debates mais duradouros e ângulos a partir dos valores mais universais. O jornalismo de causas e com base em direitos universais como "cláusulas pétreas" morais teria um papel distintivo e qualitativamente melhor diante de outras informações que circulam com abundância. A interpretação voltaria a ser protagonista central no jornalismo de qualidade, o que exigiria múltiplas fontes e especialistas a partir de um espaço mais equilibrado e democrático para as versões.

Por isso, a agenda jornalística – e os traços distintivos profissionais –, diante dos caminhos de uma sociedade que parece chegar a um colapso perante valores universais conquistados no auge da democracia moderna, teria um compromisso com o esclarecimento controverso e lúcido, para que se possa saber o que se passa, coisa que outras profissões, pela natureza de suas ocupações, embora participem, dificilmente conseguiriam – em termos de tempo, dedicação, ritmo, técnica, estética e técnica – realizar nos diferentes suportes tecnológicos, do impresso à tevê; do rádio ao *on-line*.

A rentabilidade social de tal agenda estaria intimamente ligada à rentabilidade econômica mais duradoura e coletiva, sem o lucro imediato e a qualquer custo produzido no âmbito dos poderes econômicos e políticos e a partir de interesses meramente particulares.

Obviamente que tal perspectiva não combina com grandes conglomerados midiáticos, seja porque entre os seus negócios estão também sociedades com bancos, empreiteiras e mesmo empresas que produzem armas para guerras, seja porque seguidamente defendem interesses ideológicos particulares simulados como de interesses de todos ou da maioria. Assim, o papel do Estado que representa todos e defende garantias e direitos fundamentais, além de cobrar os deveres sociais de cada indivíduo, não exclui uma regulação que aponte para o esclarecimento controverso e democrático daquilo que se passa, exatamente para entendê-lo, e com veículos de porte compatível com redes que possam ser compartilhadas em termos de ideias, debates e argumentos esclarecedores, ainda que com análises e interpretações distintas.

A regulação da mídia, incluindo o Brasil, pelo critério *relevância social* e não *rentabilidade econômica*, pelo critério *democracia participativa* e não *democracia oligopólica*, parece tarefa importante para a recuperação social de uma *democracia contemporânea* que ficou muito longe da realização de seus ideais e tende a se distanciar ainda mais daquilo que um dia foi um sonho coletivo da modernidade e em certa época disseminou o conceito de *cidadania*.

OS MÉTODOS JORNALÍSTICOS, A ÉTICA, A INTIMIDAÇÃO E O AUTORITARISMO

A LUTA MILENAR ENTRE mostrar e esconder é incessante. Se alguns tentam esconder e outros mostrar, temos claramente um conflito de interesses. Em sociedades complexas tais métodos se tornam ainda mais sofisticados, com a tentativa de obscurecer dados da realidade ou de revelar elementos dela. O critério de publicização passa a ser a relevância do desvendamento para a sociedade e em que isso pode contribuir para que se veja melhor.

Na Alemanha, a expressão *método wallraffen* chega a representar disciplinas em cursos de jornalismo sobre a forma de trabalho de Gunter Wallraff, autor de, entre outros livros, *Cabeça de turco*, *Fábrica de mentiras* e *O jornalista indesejável*, os dois primeiros traduzidos no Brasil. *Cabeça de turco* chegou a vender muitos milhões de exemplares em todo o planeta, com tradução em vários países.

O *método wallraffen* inclui infiltração e alteração de identidade, coisa que Wallraff não foi o primeiro a fazer nem será o último. Tampouco essa conduta é exclusiva da área jornalística. Mas é paradigmática de um método que, mediante avaliação moral e técnica jornalística, legitima-se em decorrência de possíveis benefícios sociais.

Amparados pela modernidade e pelo contrato social baseado em uma divisão de funções e tarefas, jornalistas fazem isso desde a consolidação da reportagem como gênero central no jornalismo, afirmado no ambiente de uma sociedade republicana, democrática, industrial, na qual a *instituição Imprensa* passa a ter papel relevante na disseminação e no compartilhamento de fatos, versões e debates contemporâneos, mediante alguns critérios como interesse público.

Ainda que a Imprensa seja crescentemente um negócio que inclui a informação apenas como um de seus produtos – e, a meu ver, o principal –, conceitos como credibilidade e legitimidade sociais foram e são importantes para que o jornalismo se mantenha como essencial à vitalidade democrática, aos debates e às decisões gerados a partir desta.

Assim, embora o mandato popular conferido ao jornalista não passe pelo sufrágio universal, há uma legitimidade em nome da posição de ofício que ele tem para mostrar dados e fatos que atinjam diretamente a vida dos cidadãos. E que bom se assim fosse sempre, acima dos interesses mercadológicos e econômicos que autorizam algumas investigações jornalísticas a seguir adiante e outras não, a partir dos centros de poder da empresa.

O *método wallraffen* está dentro do conceito de legitimidade, comparável ao trabalho dos detetives, embora jornalistas não tenham a mesma garantia constitucional e jurídica e, muitas vezes, física para tal exercício. No entanto, há uma garantia moral, dada pelo papel social que representa ou deve representar a profissão. Não para generalizar tal método *mas para utilizá-lo quando necessário e de acordo com as plenas convicções de que tal trabalho trará esclarecimento à sociedade que pode estar sendo enganada ou prejudicada com a ocultação.* E também onde as instituições do Estado começam a falhar ou quando estão envolvidas elas mesmo em atos duvidosos. Ou, ainda, onde setores particulares se apropriam do interesse público para defender apenas o próprio bolso.

Tais métodos são discutidos na profissão (como nos congressos da Associação Brasileira de Jornalismo Investigativo – Abraji – e no âmbito acadêmico), tanto eticamente como no exercício da prática que simula a atividade e tende, em uma boa escola, a se aproximar da realidade do trabalho. Em vários casos, trabalhos são feitos com algum risco. Se não fosse assim, seria melhor os jornalistas ou estudantes cobrirem apenas baile de debutantes ou inauguração de estátuas. Felizmente não é assim, e jornalistas e estudantes correm riscos, como acompanhar manifestações nas ruas, cobrir greves, fazer viagens com certa aventura e desafios para um trabalho de conclusão de curso (TCC), acompanhar trabalhos como o da Cruz Vermelha em zonas de guerra e situações similares. Jornalistas e futuros jornalistas, ainda que com alguns riscos, não podem fugir de situações tais quando estas exigem a presença de alguém que ajude a desvendar o cenário e colocá-lo à disposição do público. E deve haver discussão sobre isso, supervisão de profissionais mais experientes ou de professores jornalistas com experiência no assunto e cientes do que é ser jornalista. Quando fazem isso, não são burocratas do ensino nem capachos do poder.

É com tal perspectiva que para jornalistas consagrados em todo o planeta um carimbo de "secreto" em um documento é apenas um carimbo de "secreto", que pode representar algo estratégico a ser mantido em sigilo, mas também significar que alguém, por motivos particulares ou "razões de Estado particulares", quer esconder algo que beneficiará alguns e prejudicará a muitos. É o interesse particular travestido de público. Jornalistas desmancham tais esconderijos e se baseiam – ou deveriam se basear – em documentos que chegam a eles para iniciar um processo de investigação jornalística ou investigações que eles próprios decidem a partir de denúncias, constatações ou desconfianças.

Seja na profissão ou no âmbito acadêmico, também é preciso cuidado com a segurança pois sempre há algum risco. E quem decide sobre apurar ou não é a profissão, com base no contrato social expresso por uma atividade que se vale da clássica expressão constitucional que integra os textos relativos à Imprensa pós-Revolução Inglesa e Francesa e no cenário em que se consolidou o direito social à informação como um dos fundamentais na era dos direitos civis, como o direito à saúde, à educação...

Ainda que haja um jornalismo de serviço e suas derivações, o essencial dele, o que dá sentido à área em uma perspectiva ampla, histórica, moral e tecnicamente defensável, parece o tipificado pela figura do repórter, o que faz aparecer crises e problemas e não o contrário. Gera controvérsia, e esse é o sentido da profissão diante de um espaço público complexo e crescente na contemporaneidade.

As tentativas de censura à investigação jornalística ampliam o leque de uma vertente autoritária. Para evitar isso, o jornalismo deve fazer seu trabalho benfeito, com critérios baseados na relevância social da informação para o público e com precisão, verossimilhança e narração compatíveis com o conceito de credibilidade.

Em um cenário em que jornalistas são ameaçados em manifestações, em que autoridades internacionais querem prender ou matar jornalistas ou fontes que revelam documentos comprovadores de danos sociais e tantas outras pressões sobre o trabalho profissional, parece haver necessidade de defesa cada vez maior da profissão naquilo que a consagrou perante a sociedade, especialmente a reportagem. Sem ela, não há jornalismo. E só reportagem autorizada não contribui para o Jornalismo em sua mais alta magnitude.

REDES SOCIAIS: ÉTICA, REPORTAGEM E VERIFICAÇÃO

As ondas de demissões de jornalistas em mídias brasileiras, que ciclicamente se repetem e vêm aumentando – embora não se restrinjam aos profissionais da informação –, talvez sejam a constatação mais cabal de que a informação jornalística não é mais – se é que algum dia foi – o principal produto oferecido pelos veículos jornalísticos. No amplo espectro de interesses do campo da comunicação, o jornalismo é "mais um", embora ele sirva, como discurso, para falar em "credibilidade" como fator central de tais mídias e para defender a plena "liberdade de imprensa", tomando-se esta como liberdade de informação ou de negócios em quaisquer suportes tecnológicos.

As mudanças estruturais no jornalismo seguem determinados padrões, que acompanham épocas, circunstâncias, conjunturas e comportamentos. Num momento de implantação e consolidação das redes sociais, alguns autores falam no fim do jornalismo, enquanto outros no seu renascimento ciberespacial vinculado ao interesse público.

Tal perspectiva reacende, entre muitos outros aspectos, uma discussão sobre os novos rumos do jornalismo, incluído aí o já não tão emergente ciberjornalismo, com seus processos de reconhecimento de temas relevantes, de métodos de apuração compatíveis com a verificação e com a linguagem mais adequada a cada público, de acordo com sua heterogeneidade, com suas experiências, com suas demandas.

Por isso, num ambiente simultaneamente móvel e fugaz, pode-se "prever" que os usuários independem do jornalismo para se informar, independem do "mediador" para verificar, independem da linguagem para "esclarecer-se".

No entanto, se de um lado o jornalismo é relevante como espaço de controvérsia qualificada, se é importante para articular o presente com informações confiáveis, verificadas, originais, claras e esclarecedoras, talvez o campo do jornalismo esteja – voltando a tema tratado antes – migrando estritamente das redações e indo também para as assessorias especializadas em jornalismo, que trabalham públicos amplos ou específicos com a própria linguagem clássica do jornalismo, com os métodos de apuração compatíveis com a verificação e com assuntos relevantes para a sociedade. O jornalismo de assessoria pode também estar se qualificando, substituindo a própria produção e conteúdo tradicionalmente reservados às redações, e indo falar diretamente com seus públicos.

Da mesma forma, se antes o *release* era uma arma simples, relativamente inócua, submetida à desconfiança, hoje ele não é exclusivo na assessoria. Esta cresce em complexidade e tem critérios profissionais muito próximos da confecção de um produto jornalístico, incluindo a reportagem, central no jornalismo, herdeira do método sociológico e histórico de investigação e testemunho, que ao lado da controvérsia e da narração – herdeiras da filosofia e da literatura – povoam as ideias e argumentos de que o jornalismo tem um caráter emancipador e esclarecedor. A complexidade de determinados setores encontra, nas assessorias qualificadas, ambiente de cobertura e de debates antes exclusivos das redações, seja em uma tevê pública onde se discutem assuntos relevantes, polêmicos e com aprofundamento, seja em um site que inclui reportagens ambientais, econômicas e políticas que envolvem controvérsia e interpretação.

O repórter investigador e independente, figura central que nasce modernamente com a república e com os poderes desta, desapareceria no novo cenário com suas tradicionais características de questionador? Teria desaparecido faz muito tempo? Teria ainda a aura de autonomia diante dos poderes, sejam políticos ou econômicos, públicos ou empresariais privados? Teria ainda o papel histórico de desconfiar, de fazer perguntas incômodas, de destrinchar a realidade e dispô-la, mediada, a um público que de outra forma não teria acesso a ela? Talvez hoje o que ainda sobreviva como chama do jornalismo – e daí a necessidade também de sua defesa como categoria e socialmente – seja exatamente a figura do repórter. O jornalismo não estaria em extinção, mas o repórter teria muito menos espaços para agir.

O renascimento do jornalismo nas redes sociais – embora enxuto nas redações tradicionais – poderia reacender o velho jornalismo dos sonhos, o de ser efetivamente um contrapoder vinculado ao interesse público e a seu papel crítico? Por isso, quem sabe o campo da ética, que reconhece a relevância, a apura e a narra, ajude a situar o jornalismo ainda com um papel distintivo em relação a outras informações que circulam. Nem todo chamado jornalismo cívico está vinculado a isso, nem toda interatividade e/ou participação cidadã estão vinculadas a isso.

As mídias públicas, as assessorias públicas e privadas, as mídias tradicionais que foram para a rede mundial de computadores, incluindo as redes sociais, estão na base da credibilidade contemporânea como referência pública comum. A reportagem qualificada, nas redes sociais, merece um selo de qualidade diferente. A diferença ética talvez seja se sobreponha às leis no ciberespaço, e pode receber merecimento público por causa disso.

Mas é necessário um público que ainda tenha interesse nas mensagens jornalísticas e julgue-as relevantes para o seu dia a dia. Está aí, a meu ver, um dos desafios do jornalismo nas redes sociais e no novo jornalismo da multidão ciberespacial, com seu auditório ora específico ora amplo, ora particular ora universal, ora atento ora disperso, ora fixo ora móvel. E num mundo sempre em fuga que, no entanto, necessita minimamente saber o que se passa.

Notas

1. Segundo Otto Alcides Ohlweiler (1988, p. 29), "o estudo das línguas dos povos mais primitivos, por exemplo, mostra que, nelas, o conteúdo das palavras é incomparavelmente mais próximo da percepção e mais distante dos conceitos do que nas línguas modernas. O campo dentro do qual se objetiva o contato do homem com o mundo circundante torna-se cada vez mais amplo e as qualidades das relações desse metabolismo são gradativamente mais numerosas e diferenciadas". Por sua vez, Mikhail Bakhtin (1988, p. 129-30) observa que "o estudo das línguas dos povos primitivos e a paleontologia contemporânea das significações levam-nos a uma conclusão acerca da chamada 'complexidade' do pensamento primitivo. O homem pré-histórico usava uma mesma e única palavra para designar manifestações muito diversas, que, do nosso ponto de vista, não apresentam nenhum elo entre si. Além disso, uma mesma e única palavra podia designar conceitos diametralmente opostos: o alto e o baixo, a terra e o céu, o bem e o mal etc."
2. Para Karel Kosik (1985, p. 204) a práxis "compreende, além do momento laborativo, também o momento existencial: ela se manifesta tanto na objetividade do homem, que transforma a natureza e marca com sentido humano os materiais naturais, como na formação da subjetividade humana, na qual os momentos existenciais como a angústia, a náusea, o medo, a alegria, o riso, a esperança etc. não se apresentam como experiência passiva mas como parte da luta pelo reconhecimento, isto é, do processo de realização da liberdade humana".
3. Há muitos livros publicados sobre fotojornalismo, imagem fotográfica, signos visuais, linguagem iconográfica. Entre outros, citamos: Susan Sontag, *Ensaios sobre a fotografia*; Roland Barthes, *A câmara clara*; e também o ensaio "A mensagem fotográfica". In: Luiz Costa Lima (org.), *Teoria da cultura de massa*. Lembramos, ainda, Lorenzo Vilches, *Teoría de la imagen periodística*; Pierre Francastel, *A realidade figurativa;* André Bazin, "Ontologia da imagem fotográfica". In: Ismail Xavier (org.), *A experiência do cinema*.

4. *Um mundo e muitas vozes: comunicação e informação na nossa época.* (Relatório da Comissão Internacional para o Estudo dos Problemas da Comunicação, conhecido como *Relatório MacBride.*)
5. Expressões que Jurandir Freire Costa (1989, p. 4-7) busca em trabalhos de Christopher Lasch, Peter Sloterdijk e Slavoj Zizek. De acordo com o psicanalista brasileiro, "existe hoje no país uma moral cínica. Os indivíduos se tornaram social e moralmente supérfluos. [...] O que vale hoje é um discurso desmoralizante, que diz que toda lei é idealismo, todo desejo de ordem é convencionalismo, todo pedido de ética é formalismo, é conservadorismo. Esta é uma postura extremamente perigosa porque, ao torpedear a lei, é todo um processo simbólico que você está destruindo. [...] A 'razão cínica' diz que não existem valores universais, que todo valor é produto da violência. O cínico aparentemente é realista: ele diz que todo político age em causa própria, ou que todo agente da justiça põe sempre seus motivos particulares em primeiro lugar. Ou seja, que todo valor é sempre produto da violência. Com isso, ele nos tira qualquer capacidade de hierarquizar valores, de fazer escolhas, de empenhar a própria palavra. [...] Há uma atrofia da consciência de responsabilidade e o sujeito passa a se ver apenas como um reprodutor de um sistema de pequenos poderes, pequenos favores, onde ele quer apenas sobreviver. Em vez de cidadão em sentido amplo, você se torna um tirano dentro de sua pequena seção, de seu pequeno universo, dentro de seu mundinho. [...] Mas este cinismo todo está, na verdade, encobrindo um enorme sofrimento. Este cinismo ameaça, de fato, o país. Você fica com a impressão de que, por meio do cinismo, da delinquência, da violência, você vai sobreviver. Mas não vai. A sociedade toda se desagrega, as coisas perdem o valor e a palavra torna-se algo vazio e sem sentido. Um país que escolhe este caminho pode não dar certo". Os conceitos de *razão cínica* e *cultura narcísica* ou de *desengajamento* e as consequências deles no plano social e político do cotidiano são aprofundados por Jurandir Freire Costa no artigo "Narcisismo em tempos sombrios". In: Joel Birman (org.), *Percursos na história da psicanálise* e em seus livros *Psicanálise e moral* e *A ética e o espelho da cultura*, no qual comenta, ao final, as possibilidades éticas brasileiras a partir do *impeachment* do ex-presidente Fernando Collor de Mello, manifestando – com cautela – certo otimismo.
6. Conforme Pedro Farias García (1988, p. 42), a história grega, "hasta llegar al breve periodo democrático, atravesó por la monarquía, la aristocracia, la timocracia y la tiranía o demagogia". De acordo com o autor espanhol, na metade do século VII a.C. vigorou, nas colônias gregas, a *timocracia*, o governo dos ricos proprietários, onde foi proclamada a Constituição de

Zeleuco de Locros (em outra parte do livro, Farias García se refere a "Zelenco de Locres"). O estudioso observa que a Constituição, proclamada em 663 a.c., "es el primer texto escrito que los griegos conocen. La Ley de Zeleuco sobre la 'maledicencia pública' representa el primer ensayo para poner cortapisas legales a los excesos de expresión lesivos al Estado y a los particulares". Farias García indica a fonte de suas informações: o livro de Luis Gil, *Censura en el Mundo Antiguo* (2005). Madrid: Alianza, 1985.

7. Os conceitos *alienação/desalienação*, referidos no presente trabalho, estão mais próximos dos exaustivamente apresentados e discutidos em Adam Schaff, *La alienación como fenómeno social*. Para Schaff (1974, p. 253), "El problema de la ausencia de contenido vital del ser humano, la pérdida del sentido de su vida y con ello su muy especial alienación, hace tiempo que es algo conocido para los filósofos y ha sido tratado desde hace mucho tiempo en una u otra forma. Pero las 'explosiones' de esta problemática se producen en los períodos en las cuales, en el umbral entre dos épocas, se han visto estremecidos las fundamentos de la sociedad, cuando se disgrega su sistema de valores y de normas".

8. A história da ética, os períodos, as correntes e concepções éticas foram e vêm sendo tratados por especialistas com bastante lucidez. Alguns livros consultados que tratam do tema, além de outros referidos no presente trabalho e na Bibliografia consultada, são: Álvaro Valls, *O que é ética*; Ágnes Heller e Ferenc Fehér, *Políticas de la postmodernidad; ensayos de crítica cultural* (especialmente o capítulo "La situación moral en la modernidad", p. 24-51); Barbara Freitag, *Itinerários de Antígona: a questão da moralidade*; Adauto Novaes (org.), *Ética*; MacIntyre, *História de la ética*.

9. O diálogo do filme canadense, produzido em 1986, na tradução brasileira, é o seguinte: "Adoraria ter um filho seu. Guardá-lo-ia como lembrança para depois". A resposta: "Só uma boa opinião de si mesmo faz querer reproduzir-se. Não me gosto tanto assim. Não sou tão otimista".

10. A autora norte-americana trata, no livro *O jornalista e o assassino: uma questão de ética*, entre outros aspectos, da confiança depositada por uma fonte ou entrevistado em um jornalista, julgando que este, no resultado final do trabalho, vai publicar uma versão favorável aos olhos de quem nele confiou. Acontece que o conteúdo de uma história, de um fato, de uma versão não pode estar submetido exclusivamente à fonte ou entrevistado ou ao jornalista, porque o grau de manipulação deliberada já estaria dado de antemão, tanto quanto o imprevisível desdobramento das revelações feitas. Por um lado, parece-nos que Malcolm julga, por exemplo, toda a complexa atividade jornalística, incluindo os aspectos morais e éticos. Por outro, resta-nos saber se, no caso tratado por ela, a versão final teria de ser,

necessariamente, aquela que agradaria o entrevistado. Sinteticamente, o livro aborda a história da confiança depositada por Jeffrey MacDonald (condenado pelo assassinato da mulher e duas filhas à prisão perpétua) no jornalista Joe McGinnis, que dele se aproximou para ouvir e publicar sua história. O jornalista conviveu com a fonte por vários anos e, ao final, ao contrário do que esperava o médico condenado, McGinnis escreveu uma história que o comprometia ainda mais. A publicação gerou um processo judicial do médico contra o jornalista e essa complexa relação, em seus aspectos profissionais, morais e éticos, é o tema do livro de Malcolm. A autora considera que houve uma traição do jornalista e generaliza sua opinião: "Tal como a viúva confiante, que acorda um belo dia e descobre que aquele rapaz encantador e todas as suas economias sumiram, o indivíduo que consente em ser o tema de um escrito não ficcional aprende – quando o artigo ou livro aparece – a *sua* própria dura lição. Os jornalistas justificam a própria traição de várias maneiras, de acordo com o temperamento de cada um. Os mais pomposos falam de liberdade de expressão e do 'direito do público a saber'; os menos talentosos falam sobre a Arte; os mais decentes murmuram algo sobre ganhar a vida" (p. 11).

11. "Imprensa entre aspas". *Imprensa*, n. 37, p. 71. A revista traz uma interessante seleção de declarações irônicas, ácidas ou eloquentes de personalidades famosas sobre o jornalismo (p. 70-73), organizada por Christiano Nunes.

12. De acordo com Abramo (1988, p. 109), "Onde entra a ética? O que o jornalista não deve fazer que o cidadão comum não deva fazer? O cidadão não pode trair a palavra dada, não pode abusar da confiança do outro, não pode mentir. No jornalismo, o limite entre o profissional como cidadão e como trabalhador é o mesmo que existe em qualquer outra profissão. É preciso ter opinião para poder fazer opções e olhar o mundo da maneira que escolhemos. Se nos eximimos disso, perdemos o senso crítico para julgar qualquer outra coisa. O jornalista não tem ética própria. Isso é um mito. A ética do jornalista é a ética do cidadão. O que é ruim para o cidadão é ruim para o jornalista". As consequências das afirmações de Abramo podem ir para qualquer direção. De um lado, temos uma generalização bastante óbvia sobre o comportamento do jornalista como cidadão. De outro, há margem de interpretação para entendermos que, se transpusermos para o jornalismo o mundo tal como o vemos, pode ser defendida a máxima de muitos profissionais sobre a informação jornalística, segundo a qual "se os fatos não correspondem ao que pensam os editores, azar dos fatos".

13. "Para que se possa compreender as potencialidades que são liberadas pelo jornalismo, as carências que ele vem suprir no processo histórico global, é

preciso perceber que está em jogo uma nova dimensão do relacionamento entre o indivíduo e o gênero humano. Uma dimensão que foi inaugurada pelo desenvolvimento da sociedade capitalista, mas equacionada segundo os interesses particulares da classe dominante. Assim, sob a capa da ideologia e da manipulação que ela procura imprimir ao processo, surge uma modalidade de conhecimento, uma forma de conhecimento e uma estrutura de comunicação, que deve ser compreendida e recuperada na perspectiva revolucionária e no sentido humanizador" (Genro Filho, 1987, p. 219).

14. M. J. da Silva e S. Bressan, "Sai imposto sindical. Entra contribuição", *Jornal da Tarde*, 29 out. 1990.
15. Robert White constrói essas últimas afirmações em cima de outra obra: Burton J. Bledstein, *The culture of professionalism*.
16. Michael Ta Kung Wei, "A liberdade de informação: problema internacional", v. 80, n. 16, 12 abr. 1947.
17. Lars Bruun descreve, sintética e cronologicamente, a história dos códigos escritos sobre ética jornalística no livro *Professional codes in journalism*, entre as páginas 17 e 25.
18. Robert White. Op. cit. Desta vez, o autor ampara suas observações na obra *Códigos deontológicos de los medios de comunicación*, de Porfírio Barroso Ansejo. Para White (1988, p. 80), "La expansión del modelo de estado demoliberal en Europa, Latinoamérica y Este de Asia, através de los imperios coloniales y las nuevas naciones que salian de experiencias coloniales trajo consigo una ideología que enfatizó la importancia de profesionales y medios independientes para el funcionamiento del estado nación. Los periodistas europeus adoptaron códigos de ética después de la primera guerra mundial y después de la segunda guerra se produjo un fuerte movimiento mundial en favor de la profesionalización de los media y la adopción de códigos profesionales de ética".
19. A preocupação com a comunicação, a informação jornalística, a livre manifestação do pensamento, a liberdade de expressão e o papel dos meios na contribuição da justiça, paz e liberdade crescem também no âmbito da ONU e da Unesco. O jurista sueco Hilding Eek, diretor de Liberdade de Informação das Nações Unidas entre 1948 e 1952, sistematizou os principais momentos e discussões do tema em seu trabalho "El uso de los medios de comunicación: principios definidos por la ONU y la Unesco". É claro que, desde a publicação, novas discussões sobre o tema vêm sendo travadas no âmbito da ONU e Unesco, mas as principais formulações, com relação à ética jornalística, estão contidas na *Declaração da Unesco sobre os meios de comunicação* (1978) e *Os princípios internacionais da ética profissional dos jornalistas* (1983), aos quais nos referi-

mos neste trabalho e que constituem dois documentos importantes para nossa análise.
20. O processo de discussão e encaminhamento do anteprojeto, até seu esvaziamento, já foi tratado por vários autores, entre eles, Cees Hamelink, "Periodismo: principios éticos en los códigos y en la práctica". In: Alberto Ruiz Eldredge (comp.), *El desafío jurídico de la comunicación internacional*.; Eduardo Novoa Monreal, *Derecho a la vida privada y libertad de información: un conflicto de derechos*.
21. Segundo Bertrand Russell (1977, p.30), o versículo "Não deixarás viver a feiticeira" (Êxodo, XXII, 18), que formaliza um código moral, efetivou-se da seguinte forma: "Em consequência desse versículo, só na Alemanha perto de 100 mil feiticeiras foram condenadas à morte durante o século de 1450 a 1550. A crença em feitiçaria prevaleceu sobretudo na Escócia, e foi estimulada na Inglaterra por Jaime I. Foi para lisonjeá-lo que o *Macbeth* foi escrito, e as feiticeiras são parte da lisonja. *Sir* Thomas Browne afirmava que as pessoas que negam a feitiçaria são uma espécie de ateus. Não foi a caridade cristã, mas a difusão do modo de ver científico que, desde o tempo de Newton, terminou com a queima de mulheres inofensivas por crimes imaginários. Os elementos do tabu na nossa moralidade convencional são hoje menos cruéis do que foram há 300 anos, mas são ainda, em parte, obstáculos ao sentimento e prática humanos, por exemplo na oposição ao controle da natalidade e à eutanásia". Os desdobramentos políticos das particularidades morais e éticas não raras vezes acabam em tragédia, crueldade e autoritarismo. A história humana e o livro de Russell estão cheios de exemplos.
22. Entre eles, citamos: Porfirio Barroso Asenjo, *Fundamentos deontológicos de las ciencias de la información*. Barroso Asenjo tem trabalhado no tema e sistematizado diversos estudos na área, em extensa bibliografia. Seu trabalho mais detalhado, com relação aos códigos deontológicos jornalísticos, é precisamente *Códigos éticos de la profesión periodística: análisis comparativo*, sua tese de doutorado; Luka Brajnovic, *Deontologia periodística*; Lars Bruun (ed.), *Professional codes in journalism*; Kaarle Nordenstreng e Topuz (eds.), *Journalist: status, rights and responsabilities*; Robert White, "Factores sociales y políticos en el desarrollo de la ética de la comunicación". In: *Diálogos de la comunicación*; Cees Hamelink, "Periodismo: principios éticos en los códigos y en la práctica". In: Alberto Ruiz Eldredge (comp.), *El desafío jurídico de la comunicación internacional*; *Um mundo e muitas vozes: comunicação e informação na nossa época*.
23. Porfirio Barroso Asenjo, *Fundamentos deontológicos de las ciencias de la información*. Barroso Asenjo, em seu livro, toma como base o trabalho de doutoramento citado em nota anterior.

24. Os jornalistas Adelmo Genro Filho, Marcos Rolim e Sérgio Weigert, em *Hora do Povo, uma vertente para o fascismo*, trabalham minuciosamente os desdobramentos morais e políticos das concepções que subjazem à proposta do jornal. Enfatizam o enfoque adotado pela *Hora do Povo*: "o HP reforça nas massas os elementos ideológicos que, num futuro possível, poderão ser manipulados em função de uma alternativa fascista. Isto é, que o jornal prepara terreno para a cooptação de sua base pela ultradireita" (1981, p. 35). Examinando números de *HP*, os jornalistas observam que, "Ao denunciar que Delfim 'arria as calças', 'está de namoro com banqueiros internacionais' ou que são 'cavalgaduras que dirigem o país', o jornal apenas reproduz a dimensão conservadora do senso comum, rende-se aos processos superficiais e imediatos da realidade. Com a preocupação justa em denunciar um aspecto da dominação imperialista, o jornal falseia o fundamento dessa dominação" (ibidem, p. 11).

25. Ver, por exemplo, o minucioso trabalho de Antônio Fausto Neto, *Mortes em derrapagem: os casos Corona e Cazuza no discurso da comunicação de massa*. O livro acompanha a cobertura da doença e morte do ator e do cantor por meio de alguns veículos impressos brasileiros com ampla circulação, como as revistas *Veja, Amiga, Contigo, Semanário, Manchete* e os jornais *Jornal do Brasil, O Globo, O Dia, Estado de Minas, Última Hora* e *Folha de S.Paulo*. A abordagem de Fausto Neto envolve análise semiológica do discurso jornalístico e é bastante complexa. De acordo com o autor, "Se falar da morte é uma questão problemática, ainda que a 'mídia' insinue e fale dela todos os dias, através dos registros os mais diversificados, mais complicada parece ser quando a morte envolve não as pessoas anônimas, mas os 'olimpianos', produtos da indústria cultural, cujos pensamentos, sentimentos, alma e seu próprio corpo, não mais lhe pertencem, porque convertem-se nos objetos que dão forma ao discurso como mercadoria e à construção e funcionamento dos processos identificatórios da psique humana e de semantização da vida social" (1991, p. 158). Fausto Neto toma o exemplo a partir do termo utilizado por Edgar Morin, "olimpianos".

26. "Examinou o aposento com a clarividência de quem chega ao fim, e pela primeira vez viu a verdade: a última cama emprestada, o toucador lastimável cujo turvo espelho de paciência não o tornaria a refletir, o jarro d'água de porcelana descascada, a toalha e o sabonete para outras mãos, a pressa sem coração do relógio octogonal desenfreado para o encontro inelutável de 17 de dezembro, a uma hora e sete minutos de sua tarde final. Então cruzou os braços contra o peito e começou a ouvir as vozes radiosas dos escravos cantando a salve-rainha das seis nos trapiches, e avistou no céu pela janela o diamante de Vênus que ia embora para sempre, as neves eternas, a trepadei-

ra nova cujas campânulas amarelas não veria florescer no sábado seguinte na casa fechada pelo luto, os últimos fulgores da vida que nunca mais, pelos séculos dos séculos, tornaria a se repetir" (García-Márquez, 1989, p. 226).

27. A edição anterior a que se refere a revista, de 10 de agosto de 1988, que na capa traz o título "Aids – os que vão morrer contam sua agonia", inclui ampla e minuciosa matéria sobre o tema, das páginas 66 a 76, com o título "Morrendo aos poucos a cada dia". *Veja* vem tratando seguidamente do tema, seja em grandes reportagens ou entrevistas ou pequenas matérias. Na edição n. 1.236, de 27 de maio de 1992, por exemplo, as *páginas amarelas* trazem entrevista exclusiva com o ator Carlos Augusto Strazzer. Em entrevista concedida a Eliane Azevedo, publicada com o título "A opção pela vida", *Veja* explica, no subtítulo, que "O ator admite que está com aids e fala sem rancor do sofrimento com a doença, do preconceito e da motivação para permanecer vivo". Poucos meses depois, o ator faleceu.

28. As cartas sobre Cazuza e a cobertura jornalística de *Veja* vão da página 15 à 21. Como sempre faz, a revista sintetiza as cartas, não sendo possível detectar até que ponto elas foram editadas para reforçar um ou outro ponto de vista ou para revelar a essência das opiniões.

29. Ver, por exemplo, Eduardo Novoa Monreal, *Derecho a la vida privada y libertad de información: un conflicto de derechos*. Assim como Novoa Monreal, muitos juristas e especialistas em comunicação tratam do tema, incluindo jurisprudência firmada ao seu redor. Contudo, a margem de subjetividade nas análises e julgamentos também tem sido um dilema permanente a ser enfrentado tanto pelos analistas quanto por juízes que precisam emitir decisão judicial.

30. M. Benedetti, "As artimanhas dos proprietários da liberdade". *Diário do Sul*, Porto Alegre, 24 ago. 1987.

31. Russell (1977) trata de numerosos exemplos históricos e culturais dessa conformação. Os três exemplos das páginas 36 e 37 são bastante ilustrativos: "Os astecas consideravam o seu mais penoso dever comer a carne dos inimigos em ocasiões cerimoniais; afirmava-se que, se deixassem de executar esse ritual para o Estado, a luz do sol se apagaria. Os caçadores de cabeça de Bornéu, antes que o governo holandês os privasse do direito de autodeterminação, não podiam casar-se até que trouxessem um dote de certo número de cabeças; um jovem que não fizesse isso passava a ser tido como o que na América chamam de maricas. Confúcio declarava que um homem cujos pais estão vivos é réu da falta de devoção filial se recusar um cargo público lucrativo, visto que o salário e os emolumentos devem ser dedicados ao bem-estar do pai e da mãe na velhice". Russell (ibidem, p. 43) destaca: "Se, pois, devemos preferir nosso próprio código moral, é preciso,

como filósofos, que encontremos razões que façam um apelo universal, e não apenas um apelo àqueles que compartilham nossa teologia".
32. De acordo com Jurandir Freire Costa (1989, p. 25-26), a cultura do cinismo "é a variante da cultura narcísica, que enfatiza os processos da justificação do *status quo*, por parte daqueles que, cientes dos instrumentos de avaliação crítica, usam estes instrumentos com o objetivo de reforçar a prática social dominante. Cínico é aquele que se obstina em demolir a esfera crítica dos valores, a pretexto de defender a 'realidade do que é' contra a 'idealidade do que poderia vir a ser'". Assim, "Se não há mais como recorrer a regras supraindividuais, historicamente estabelecidas pela negociação e pelo consenso, para dirimir direitos e deveres privados, tudo passa a ser uma questão de força, de deliberação ou decisão, em função de interesses particulares. Donde o recurso sistemático à violência, à delinquência, à mentira, à escroqueria, ao banditismo 'legalizado' e à demissão de responsabilidade, que caracterizam a 'cultura ciniconarcísica' dos dias de hoje" (ibidem, p. 30-31).
33. João Almino (1991) discorre sobre essa generalidade, explicitando que há um projeto anti-humanista por trás da proposição segundo a qual a Natureza deve ser o fundamento moral para o homem.
34. Ao discutir a modernidade e a razão, por exemplo, o filósofo e diplomata Sérgio Paulo Rouanet (1987, p. 271) sugere uma consciência e uma ética neomodernas e não pós-modernas, ancoradas estas no irracionalismo. De acordo com ele, "Na esfera da filosofia, a consciência neomoderna é implacavelmente racionalista. Ela sabe que o holocausto é o desfecho lógico de qualquer programa irracionalista. O fascismo e o irracionalismo são os dois lados da mesma moeda. A razão é sempre crítica, pois seu meio vital é a negação de toda facticidade, e o irracionalismo é sempre conformista, pois seu modo de funcionar exclui o trabalho do conceito, sem o qual não há como dissolver o existente". Para o autor, o racionalismo neomoderno "aprendeu com os dois mestres da suspeita, Marx e Freud, a identificar a presença na razão de tudo aquilo que está a serviço da desrazão. A razão pode estar a serviço da mentira, e seu nome é racionalização, ou a serviço do poder, e seu nome é ideologia, e nos dois casos o racionalismo neomoderno pressupõe o desmascaramento da razão deturpadora" (Ibidem, p. 271). Lembrando Adorno, Rouanet é taxativo: "Só a razão pode criticar a razão, e não o poder, ou a arte, ou o êxtase dionisíaco: nisso ele – *Adorno* – se distancia de todos os irracionalismos. A aporia da razão criticando a razão é consciente, e é nela que Adorno vê a dignidade e o desespero do pensamento negativo, que *não pode abdicar da razão, nem abdicar diante dela*" – grifo nosso.

35. A Declaração de Munique (DM) – como ficou conhecida – é a Declaração dos Deveres e Direitos dos Jornalistas, adotada por seis organizações de jornalistas da Comunidade Europeia, em Munique, em 24 de novembro de 1971. In: *Professional codes of ethics in journalism*.
36. "Estatuto de La Redacción de *El País*". In: *El País: libro de estilo*.
37. Os princípios constam das *Regras do bom jornalismo*, adotadas pela Comissão Dinamarquesa para a Imprensa em 27 de outubro de 1981. In: *Professional codes of ethics in journalism*.
38. O princípio faz parte das *Normas para a boa prática jornalística*, adotadas pela Federação dos Jornalistas da Finlândia em 1983. In: *Professional codes of ethics in journalism*.
39. Princípio que consta da *Declaração de princípios sobre a conduta dos jornalistas*, adotada pelo Segundo Congresso Mundial da Federação Internacional de Jornalistas, em Bordeaux, França, de 25 a 28 de abril de 1954, e emendada pelo 18º Congresso Mundial, em Helsinque, Finlândia, de 2 a 6 de junho de 1986. In Kaarle Nordenstreng e Hifzi Topuz (eds.), *Journalist: status, rights and responsabilities*.
40. Ver, por exemplo, A. Ferreira, "Toda a verdade, só mesmo em livros". *Imprensa*, São Paulo, n. 15, p. 30-32.
41. De acordo com as informações disponíveis em http://www.conjur.estadao. com.br, "a revista eletrônica Consultor Jurídico é uma publicação independente sobre Direito e Justiça. A proposta de seus editores é a de relatar, no dia a dia, a evolução do direito, encadeando os fatos judiciais, legislativos e políticos que interferem na vida do cidadão". Iniciada em 1997, a revista inclui experientes jornalistas. Os realizadores do Consultor Jurídico fazem parte, conforme o sítio digital, de uma grande rede de colaboradores, da qual participam "advogados, juízes, integrantes do Ministério Público, assessores de imprensa de tribunais e entidades e outros especialistas da área legal, judicial e jurídica".
42. O Grupo Globo é responsável, entre outros, pela TV Globo e pelo jornal *O Globo*; o Grupo Abril tem como carro-chefe a *Veja*, entre as dezenas de revistas que publica; o Grupo Folha pontifica com o jornal *Folha de S.Paulo*; o Grupo Estado com *O Estado de S. Paulo*; e a Editora Três com a revista *Istoé*.
43. O levantamento foi publicado, como matéria jornalística, pelo editor da revista, jornalista Márcio Chaer ("Custo da notícia: aumenta valor médio de indenizações contra a imprensa". Revista eletrônica *Consultor Jurídico*, 31 de maio de 2007). Disponível em: <http://www.conjur.estadao.com.br>.
44. Ver, a esse respeito, a compilação de códigos europeus de ética jornalística feita por Ernesto Villanueva, referido na Bibliografia consultada.
45. Para Serra (1980, p. 11-12): "A Verdade, tanto em sua formulação abstrata como em sua premência fatual, remete a uma ultrapassagem do subjetivo, seja

pela 'coerção' lógica (dados certos pressupostos, segue-se a inevitável conclusão), seja pelo inequívoco dos fatos ('contra fatos, não há argumentos', costuma-se dizer). A Política, por sua vez, se a entendermos neste sentido extenso da convivência (ou hostilidade) humana, na Cidade como espaço antropológico, envolve, ao contrário, um universo onde o relevante são os sujeitos e *seus* discursos, os sujeitos, exatamente com *suas* paixões, interesses e percepções próprios, *seus* discursos com opiniões forjadas para dar conta de suas estratégias, jogos e barganhas de sobrevivência. A essência da Política é a ação, e como tal estamos diante de uma intervenção exclusivamente humana e irreversível. Ao agir, o homem produz conhecimentos, fatos, que não podem ser suprimidos ou revertidos, exceto pelo Super-homem ao voltar no tempo e salvar Miriam Lane, ou por Josué paralisando o Sol. No entanto, o significado pleno da ação humana dependerá dos discursos, na medida em que são eles que a registram, que a memorizam, que a interpretam, julgam ou valorizam".

46. No trabalho "A ocultação técnica dos interesses" a professora da USP compara a cobertura dada à nomeação do jornalista Artur Scavone como assessor do então secretário da Justiça do Estado de São Paulo, José Carlos Dias, procurando mostrar a postura crítica de Oesp com relação ao secretário e a linha de apoio manifestada pela FSP.
47. Alusão irônica, conhecida no meio jornalístico, àquele profissional infenso a qualquer influência externa, que observa o acontecimento e recolhe dados e opiniões com "absoluta neutralidade", como se viesse de outro planeta sem nenhum conhecimento prévio ou predisposição para observar os fatos.
48. Este capítulo amplia o artigo *Journalism in the age of the information society, technological convergence, and editorial segmentation: preliminary observations*, publicado na revista científica Journalism: theory, practice and criticism, vol. 10, n. 1. Londres: Sage, 2009, p. 109-125.
49. Octavio Islas e Fernando Gutierrez, "Introducción". In: Octavio Islas e allii (coords.), *Explorando el ciberperiodismo*.
50. Delia Crovi Druetta, "Sociedad de la Información y el conocimiento: algunos deslindes imprescindibles". In: Delia Crovi Druetta (coord.), *Sociedad de la Información y el conocimiento: entre lo falaz y lo posible*.
51. Os documentos e reuniões fundamentando o projeto SI e seu desdobramento, especialmente nos países centrais mais estratégicos (europeus e Estados Unidos), estão detalhados em muitos livros, artigos e sites. Para o presente trabalho, utilizo algumas referenciais que envolvem a América Latina e dão um panorama global sobre a questão, seja a SI ou SIC, entre eles os de Martín Becerra, Guillermo Mastrini e o organizado por Delia Crovi Druetta. Neles, entre outros aspectos analisados, encontram-se as perspectivas, problemas, contradições, possibilidades e limites, balanço

regional e internacional e vertentes político-econômicas e ideológicas da SI/SIC, sempre com fornecimento de dados.
52. Roxana Goldstein, "Aportes para el debate sobre el impacto de la CMSI en el desarrollo para América Latina: los conflictos en torno a la brecha digital y a la gobernanza de internet". In: Guillermo Mastrino e Bernadette Califano (comps.), *La Sociedad de la Información en la Argentina: políticas públicas y participación social*.
53. A complexidade do trabalho jornalístico, dos métodos e processos de investigação no exercício profissional pode ser conferida em vários debates que resultam, eventualmente, em publicações e documentos postados em sítios digitais. A articulação entre academia e profissão e a comparação dos métodos acadêmicos de investigação com os métodos do trabalho jornalístico – incluindo rigor, exatidão, persistência e resultados precisos, verazes e confiáveis – vêm aumentando nesta primeira década do século XXI. Um exemplo das exigências para o jornalista é o conjunto de palestras proferidas por profissionais e pesquisadores acadêmicos da área, que resultou no livro organizado por Martín Becerra e Alfredo Alfonso (2007). Nele, jornalistas como Daniel Santoro, Maria Seoane, Miguel Bonasso e Martín Becerra, entre outros renomados profissionais e pesquisadores argentinos, demonstram a complexidade da profissão ao se aprofundar em mecanismos de busca, apuração e edição de temas com relevância social que o Poder tenta manter em segredo.
54. Ver, por exemplo, Alejandro Prince, "E-democracia y desarrollo: limites politológicos". In: Susana Finquelievich (coord.), *Desarrollo local en la Sociedad de la Información: municípios e internet*.
55. Ver, a esse respeito, Ndiaga Loum, "Internet y regulación: la ética y la deontología prevalecen sobre el derecho". In: Delia Crovi Druetta (coord.), *Sociedad de la Información y el conocimiento: entre lo falaz y lo posible*.
56. As possibilidades da segmentação e as demandas sociais podem se expressar com maior liberdade dentro da convergência tecnológica e da Sociedade da Informação. A integração de diferentes mídias num mesmo suporte, a hipertextualidade e a interatividade encontram, neste cenário, situações propícias para sua disseminação social (Albornoz, 2006). O profissionalismo jornalístico ajuda significativamente em tal direção.
57. Adelmo Genro Filho, "Teoria e Revolução (I)". *Teoria & Política*, n. 8, 1987c, p. 39-40.
58. O Epílogo sintetiza alguns artigos publicados em 2013 nos sites Observatório da Imprensa e Observatório da Ética Jornalística, este último coordenado pelo prof. dr. Rogério Christofoletti e pelo autor e vinculado ao Grupo de Pesquisa integrado pelos dois pesquisadores do Programa de Pós-Graduação em Jornalismo da Universidade Federal de Santa Catarina.

Bibliografia consultada

ABEL, Elie. *La comunicación en pro de un mundo interdependiente y pluralista.* Paris: CIEPC/Unesco, n. 33, s/d.

ABRAMO, Cláudio W. *A regra do jogo.* São Paulo: Companhia das Letras, 1988.

_____. "Império dos sentidos: critérios de resultados na *Folha de S. Paulo*". *Novos Estudos*, Cebrap, São Paulo, n. 31, out. 1991, p. 41-67.

ABRAMO, Perseu. Contradição ou identificação? In: "A ética e a profissão; aquele espinhozinho na garganta". *Unidade*, São Paulo, n. 106. Sindicato dos Jornalistas Profissionais no Estado de São Paulo, mar./abr. 1989, p. 8.

_____. "A comunicação e a ética". *Jornal do Jornalista*, Brasília, out. 1990, p. 15.

"A (FALTA DE) ÉTICA da imprensa" (debate). *Versão dos Jornalistas*, n. 9. Sindicato dos Jornalistas Profissionais no Estado do Rio Grande do Sul, Porto Alegre, mar./abr. 1992, p. 5-8.

ALMINO, João. *O segredo e a informação: ética e política no espaço público.* São Paulo: Brasiliense, 1986.

_____. "A triste ilusão dos ecocêntricos". *Jornal do Brasil*, Rio de Janeiro, 3 mar. 1991, Caderno *Ideias/Ensaios*, p. 10-11.

ALVES, Rosental Calmon. "Reféns do silêncio". *Imprensa*, São Paulo, n. 35, jul. 1990, p. 14.

AMADO SUÁREZ, Adriana. "Introducción". In: TCHERKASKI, Osvaldo et alli. *Información: ¿Se puede saber lo que se pasa?* Buenos Aires: Norma, 2005.

AMARAL, Luiz. *Técnica de jornal e periódico.* 3. ed. Fortaleza: Universidade Federal do Ceará/Tempo Brasileiro, 1982.

ASH, William. *Marxismo e moral.* Rio de Janeiro: Zahar, 1965.

AZNAR, Hugo. *Ética de la comunicación y nuevos retos sociales.* Barcelona: Paidós, 2005.

BAHIA, Juarez. *Jornal, história e técnica, v. 2 – As técnicas do jornalismo.* 4. ed. São Paulo: Ática, 1990.

BAKHTIN, Mikhail. *Marxismo e filosofia da linguagem.* 4. ed. São Paulo: Hucitec, 1988.

BALLE, Francis. *Información y sociedad: antiguos y nuevos desafíos*. Pamplona: Universidad de Navarra, 1983.

BARBOSA, Rui. *A dever da verdade*. São Paulo: Com-Arte/Edusp, 1990.

BAREMBLITT, Gregorio F. "A solidão e o mal-estar". *Jornal do Brasil*, Rio de Janeiro, 23 mar. 1989. Caderno B Especial, p. 5.

BARROSO ASENJO, Porfirio. *Límites constitucionales al derecho a la información*. Barcelona: Mitre, 1984.

_____. *Fundamentos deontológicos de las ciencias de la información*. Barcelona: Mitre, 1985.

BARTHES, Roland. *A câmara clara*. 2. ed. São Paulo: Nova Fronteira, 1984.

BECERRA, Martín. *Sociedad de la Información: proyecto, convergencia, divergencia*. Bogotá: Norma, 2003.

BECERRA, Martín e ALFONSO, Alfredo (comps.). *La investigación periodística en Argentina*. Bernal: Universidad Nacional de Quilmes, 2007.

BELAU, Angel Faus. *La ciencia periodística de Atto Groth*. Pamplona: Instituto de Periodismo de la Universidad de Navarra, 1966.

BENEDETTI, Mário. "As artimanhas dos proprietários da liberdade". *Diário do Sul*, Porto Alegre, 24 ago. 1987, p. 13.

BENEYTO, Juan. *Informação e sociedade*. Petrópolis: Vozes, 1974.

BERNIER, Marc-François. *Éthique et déontologie du journalisme*. Saint-Nicolas (Quebec): Les Presses de l'Université Laval, 2004.

BOBBIO, Norberto. *A era dos direitos*. Rio de Janeiro: Campus, 1992.

BONETE PERALES, Enrique. "De la ética filosófica a la deontología periodística". In: _____(coord.). *Éticas de la información y deontologías del periodismo*. Madri: Tecnos, 1995.

BORGES, Jorge Luis. *El Aleph*. 14. ed. Madri: Alianza/Buenos Aires: Emecé, 1985.

BORNHEIM, Gerd A. *Dialética: teoria/práxis*. Porto Alegre/Rio de Janeiro: Globo, 1983.

_____. *Introdução ao filosofar; o pensamento filosófico em bases existenciais*. 7. ed. Porto Alegre/Rio de Janeiro: Globo, 1986.

BORRAT, Héctor e FONTCUBERTA, Mar de. *Periódicos: sistemas complejos, narradores en interacción*. Buenos Aires: La Crujía, 2006.

BRAJNOVIC, Luka. *Deontologia periodística*. Pamplona: Universidad de Navarra, 1978.

BRUUN, Lars (ed.). *Professional codes in journalism*. Praga: IOJ, 1979.

BUCCI, Eugênio. "O óbvio com honestidade". *Imprensa*, São Paulo, n. 56, abr. 1992, p. 31.

_____. *O peixe morre pela boca*. São Paulo: Scritta Editorial, 1993.

_____. *Sobre ética e imprensa*. São Paulo: Companhia das Letras, 2000.

BULIK, Linda. *Doutrinas da informação no mundo de hoje*. São Paulo: Loyola/Concitec-PR: UEL, 1990.

BURNETT, Lago. "Considerações em torno da ética". *Revista de Comunicação*, Rio de Janeiro, n. 4, 1985, p. 21.

_____. "Aluguel de consciências?" *Revista de Comunicação*, Rio de Janeiro, n. 10, 1987, p. 16.

CARDET, Ricardo. *Manual de jornalismo*. 4. ed. Lisboa: Ed. Caminho, 1980.

CASTELLO, José. "O gigante deitado em divã esplêndido" (entrevista com o psicanalista Jurandir Freire Costa), *Revista Goodyear*, São Paulo, abr/maio/jun. 1989, p. 4-7.

CASTRO FARINAS, J. A. *De la libertad de prensa*. Madri: Fragua, 1971.

CAVALCANTI FILHO, José Paulo (org.). *Informação e poder*. Rio de Janeiro: Record/Recife: Fundação de Cultura Cidade do Recife, 1994.

CHAPARRO, Manuel Carlos. *Pragmática do jornalismo: buscas práticas para uma teoria da ação jornalística*. São Paulo: Summus, 1993.

CHRISTOFOLETTI, Rogério. *Ética no jornalismo*. São Paulo: Contexto, 2008.

COBERTURA da sucessão: isenta? *Unidade*, São Paulo, n. 109. Sindicato dos Jornalistas Profissionais no Estado de São Paulo, jul./ago. 1989, p. 4-7.

CÓDIGO DE ÉTICA da Associação Nacional de Jornais. Rio de Janeiro, nov. 1991.

CÓDIGO DE ÉTICA da Radiodifusão Brasileira (Código de Associação Brasileira de Emissoras de Rádio e Televisão). Brasília, 17 jan. 1991.

CÓDIGO DE ÉTICA do Jornalista Brasileiro. Brasília: Fenaj, 2007.

CÓDIGO LATINO-AMERICANO de Ética Jornalística. *Comunicação & Sociedade*. São Paulo, n. 5, Cortez/IMS, mar. 1981, p. 43-46.

CONSTITUIÇÃO da República Federativa do Brasil/1988. Brasília: Popular, 1988.

COSTA, Caio Túlio. *O relógio de Pascal: a experiência do primeiro ombudsman da imprensa brasileira*. São Paulo: Siciliano, 1991.

CORNU, Daniel. *Jornalismo e verdade: para uma ética da informação*. Lisboa: Instituto Piaget, 1999.

COSTA, Jurandir Freire. "Narcisismo em tempos sombrios". In: BIRMAN, Joel (org.). *Percursos na história da psicanálise*. Rio de Janeiro: Taurus, 1988, p. 151-74.

COSTA, Jurandir Freire. *Psicanálise e moral*. São Paulo: Educ, 1989.

_____. *A ética e o espelho da cultura*. Rio de Janeiro: Rocco, 1994.

CROVI DRUETTA, Delia (coord.). *Sociedad de la Información y el conocimiento: entre lo falaz y lo posible*. Buenos Aires: La Crujía, 2004.

D'ARCY, Jean. *El derecho humano a comunicar*. Paris: CIEPC/Unesco, n. 36, s/d.

"DECLARAÇÃO DA UNESCO sobre os meios de comunicação". *Série Documentos da Fenaj*, v. 3, Brasília, Fenaj, 1983, p. 20-23.

DIAZ RANGEL, Eleazar. "A notícia na América Latina: mudanças de forma e de conteúdo". *Comunicação & Sociedade*, São Paulo, n. 5, Cortez/IMS, 1981, p. 91-119.

DINES, Alberto. O *papel do jornal (uma releitura)*. 5. ed. São Paulo: Summus, 1986.

DOTTO. Wagner. "Calúnias milionárias". *Imprensa*, São Paulo, n. 35, jul. 1990, p. 52.

DUPLATT, Adrián. "Teseo, los periodistas y la red de redes". In: ISLAS, Octavio (coord.). *Explorando el ciberperiodismo latinoamericano*. Cidade do México: Continental, 2002.

DUSSEL, Enrique. *Ética comunitária/liberta o pobre!* Petrópolis: Vozes, 1986.

ELLIOTT, Deni. *Jornalismo versus Privacidade*. Rio de Janeiro: Nórdica, 1990.

"EM BUSCA dos limites". *Imprensa*, São Paulo, n. 71, ago. 1993, p. 20-22, 24.

ENZENSBERGER, Hans Magnus. *Elementos para uma teoria dos meios de comunicação*. Rio de Janeiro: Tempo Brasileiro, 1979.

ERBOLATO, Mário. *Deontologia da comunicação social*. Petrópolis: Vozes, 1982.

ÉTICA. São Paulo: Companhia das Letras/Secretaria Municipal de Cultura de São Paulo, 1992.

ÉTICA da Comunicação. Cadernos LCC – Leitura crítica da comunicação. São Paulo: Loyola/UCBC/LCC, 1989.

FALHAS de um trabalho inédito, As (depoimentos). *Imprensa*, São Paulo, n. 28, jan. 1990, p. 25. (Depoimentos de jornalistas sobre a cobertura das eleições presidenciais de 1989.)

FARIAS GARCÍA, Pedro. *Libertades públicas e información*. Madri: Eudema, 1988.

FAUSTO NETO, Antônio. *Mortes em derrapagem: os casos Corona e Cazuza no discurso da comunicação de massa*. Rio de Janeiro: Riofundo, 1991.

FERNANDES NETO, Antônio. *Jornalismo e liberdade: de Locke a Kennedy*. São Paulo: Pannartz, 1980.

FERREIRA, Argemiro. "Toda a verdade, só mesmo em livros". *Imprensa*, São Paulo, n. 15, nov. 1988, p. 30-32.

FERREIRA, Dirceu. "Leonam, a ética como referencial maior". *Versão dos jornalistas*, Porto Alegre, n. 4. Sindicato dos Jornalistas Profissionais no Estado do Rio Grande do Sul, jul./ago. 1991, p. 5. (Entrevista com o jornalista e professor Marques Leonam.)

FINKELSTEIN, Sidney. *MacLuhan: a filosofia da insensatez*. Rio de Janeiro: Paz e Terra, 1969.

FINQUELIEVICH, Susana (coord.). *Desarrollo local en la Sociedad de la Información: municípios e internet*. Buenos Aires: La Crujía, 2005.

FISCHER, Desmond. *O direito de comunicar: expressão, informação e liberdade*. São Paulo: Brasiliense, 1984.

FON, Antônio Carlos. "O outro lado do balcão". *Unidade*, São Paulo, n. 107. Sindicato dos Jornalistas Profissionais do Estado de São Paulo. São Paulo, maio 1989, p. 6-7.

FORNAZIERI, Aldo. "Socialismo e consciência moral". *Teoria & Política*, São Paulo, n. 12, 1989, p. 7-44.

FRANCASTEL, Pierre. *A realidade figurativa*. São Paulo: Perspectiva, 1982.

FREITAG, Bárbara. "Habermas, política e filosofia" (entrevista com Jürgen Habermas). *Folha de S.Paulo*, São Paulo, 30 set. 1989, Caderno de Letras, p. G-4/G-5.

_____. *A teoria crítica ontem e hoje*. 3. ed. São Paulo: Brasiliense, 1990.

_____. *Itinerários de Antígona: a questão da moralidade*. Campinas: Papirus, 1992.

FREITAG, Bárbara (*et al.*). *Jürgen Habermas: 60 anos*. Rio de Janeiro, n. 98, jul./set. 1989.

FREITAS, Jânio de. "As liberdades de imprensa". *Revista de Comunicação*, Rio de Janeiro, n. 7, 1986, p. 21.

FREITAS NOBRE, José. *Imprensa e liberdade: os princípios constitucionais e a nova legislação*. São Paulo: Summus, 1988.

_____. *Comentários à Lei de Imprensa*. 4. ed. São Paulo: Saraiva, 1989.

GARAUDY, Roger. "Por uma discussão sobre o fundamento da moral". In: SARTRE, Jean Paul, GARAUDY, Roger et alii. *Moral e sociedade*. 2. ed. Rio de Janeiro: Paz e Terra, 1982.

GARCIA, Luiz. "Uma profissão de vícios e derrapadas". *Imprensa*, São Paulo, n. 71, ago. 1993, p. 54-55.

GARCÍA MÁRQUEZ, Gabriel. *O general em seu labirinto*. Rio de Janeiro: Record, 1989.

Gazeta de Pinheiros. São Paulo, 14 maio 1989.

GENRO FILHO, Adelmo. *Marxismo, filosofia profana*. Porto Alegre: Tchê!, 1987a.

_____. *O segredo da pirâmide: para uma teoria marxista do jornalismo*. Porto Alegre: Tchê!, 1987b.

_____. "Teoria e revolução (I)". *Teoria & Política*, São Paulo, n. 8, 1987c, p. 32-53.

_____. "A filosofia marxista e o legado dos 'hereges'". In: MARX, BLOCH e KORSCH, ENGELS. *Filosofia e práxis revolucionária*. São Paulo: Brasil Debates, 1988, p. 7-22.

GENRO FILHO, Adelmo; ROLIM, Marcos e WEIGERT, Sérgio. *Hora do Povo: uma vertente para o fascismo*. São Paulo: Brasil Debates, 1981.

GENRO, Tarso. "O trabalhador e o direito: direito e justiça/A cidadania desmistificada". *Teoria & Política*, São Paulo, n. 10, 1988, p. 55-64.

_____. *Esferas da consciência*. Porto Alegre: Tchê!, 1989.

_____. *Política & Modernidade*. Porto Alegre: Tchê!, 1990.

GOLDEMBERG, José e MELO, José Marques de (orgs.). *Direito à informação/direito de opinião*. São Paulo: ECA/USP, 1990.

GOLDMANN, Lucien. "Consciência possível e comunicação". In: COHN, Gabriel (org.). *Comunicação e indústria cultural.* São Paulo: Nacional, 1978, p. 391-401.
GOMES, Pedro Gilberto. *O direito de ser/A ética da comunicação na América Latina.* São Paulo: Paulinas, 1989.
GOMIS, Lorenzo. *Teoría del periodismo; cómo se forma el presente.* Barcelona: Paidós, 1991.
GOODWIN, H. Eugene. *Procura-se: ética no jornalismo.* Rio de Janeiro: Nórdica, 1993.
GOPSILL, Tim. "La ética del periodismo; otros aspectos de la libertad de prensa". *El periodista democrata,* Praga, n. 1, Organización Internacional de Periodistas, jan. 1990, p. 10-11.
GREENFIELD, Jeff. "Um respeito decente". In: SCHMUHL, Robert (org.). *As responsabilidades do jornalismo: as questões da ética no país de maior liberdade de expressão.* Rio de Janeiro: Nórdica, 1985.
GUATTARI, Félix. "Em defesa de uma ética da mídia". *Folha de S. Paulo,* especial 1 e 3. 24 jan. 1991. Caderno especial de domingo sobre multimídia.
GUISÁN, Esperanza. *Razón y pasión en ética: los dilemas de la ética contemporánea.* Barcelona: Anthropos, 1986.
GUTIERREZ VEGA, Hugo. *Información y sociedad.* Cidade do México: ECE, 1974.
HABERMAS, Jürgen. *Consciência moral e agir comunicativo.* Rio de Janeiro: Tempo Brasileiro, 1989.
HELLER, Ágnes. *Para mudar a vida; felicidade, liberdade e democracia.* São Paulo: Brasiliense, 1982.
_____. *O cotidiano e a história.* 2. ed. Rio de Janeiro: Paz e Terra, 1985.
_____. "A herança da ética marxiana". In: HOBSBAWN, Eric (org.). *História do marxismo,* v. 12. Rio de Janeiro: Paz e Terra, 1989, p. 103-30.
HELLER, Ágnes e FEHÉR, Ferenc. *Politicas de la postmodernidad; ensayos de crítica cultural.* Barcelona: Península, 1989.
_____. *Anatomía de la izquierda occidental.* Barcelona: Península, 1985.
HERZ, Daniel. *A história secreta da Rede Globo.* Porto Alegre: Tchê!, 1987.
HOLLANDA, Ronaldo Buarque de. "A 'denúncia de uma farsa' (A cartilha da provocação)". *Jornal do Jornalista,* Brasília, Fenaj, jul./ago. 1989, p. 12.
HUDEC, Vladimir. *O que é o jornalismo.* Lisboa: Caminho, 1980.
HULTENG, John L. *Os desafios da comunicação: problemas éticos.* Florianópolis: Editora da UFSC, 1990.
IDEIAS Contemporâneas. *Entrevistas do Le Monde.* São Paulo: Ática, 1989.
"IMPRENSA: a corrupção existe". *Imprensa,* São Paulo, ano VII, n. 78, mar. 1994, p. 38-42, 44 e 46-47. (Depoimento de jornalistas sobre a imprensa brasileira.)
IMPRENSA ao vivo/Organizadores: Lúcia Rito, Maria Elisa Araújo e Cândido José Mendes de Almeida. Rio de Janeiro: Rocco, 1989.
"IMPRENSA entre aspas". *Imprensa,* São Paulo, n. 37, set. 1990, p. 70-73.

"INFORMAÇÃO antes da opinião, A". *Imprensa*, São Paulo, n. 7, mar. 1988, p. 35-36, 40-41.

Jornal da Tarde. São Paulo, 29 out. 1990.

JORNALISTAS pra quê? (Os profissionais diante da ética). Sindicato dos Jornalistas Profissionais do Município do Rio de Janeiro. Rio de Janeiro, 1989.

KARAM, Francisco José Castilhos. *A ética jornalística e o interesse público*. São Paulo: Summus, 2004.

KARAM, Francisco José Castilhos. "Journalism in the age of the information society, technological convergence, and editorial segmentation: preliminary observations". In: *Journalism: theory, practice and criticism*, vol. 10, n. 1. Londres: Sage, 2009, p. 109-125.

KOSIK, Karel. *Dialética do concreto*. 3. ed. Rio de Janeiro: Paz e Terra, 1985.

KUCINSKI, Bernardo. *Jornalismo na era virtual: ensaios sobre o colapso da razão ética*. São Paulo: Unesp, 2005.

KREMER-MARIETTI, Angele. *A ética*. Campinas: Papirus, 1989.

LACERDA, Carlos. *A missão da imprensa*. São Paulo: Com-Arte/Edusp, 1990.

LADEIRA, Célia. "Cazuza: ecos de uma revelação". *Jornal do Jornalista*. Brasília, Fenaj, jul./ago. 1989, p. 15.

LAGE, Nilson. *Ideologia e técnica da notícia*. Petrópolis: Vozes, 1979.

_____. *Linguagem jornalística*. 2. ed. São Paulo: Ática, 1986.

_____. *Estrutura da notícia*. 2. ed. São Paulo: Ática, 1987.

LASSWELL, Harold D. et alii. "Sumário de princípios: pronunciamento da comissão sobre a liberdade de imprensa". In: STEINBERG, Charles (org.). *Meios de comunicação de massa*. 2. ed. São Paulo: Cultrix, 1972, p. 199-215.

LEÃO, Emmanuel Carneiro. "A crise ética brasileira" (entrevista a Sérgio Sá Leitão). *Jornal do Brasil*, Rio de Janeiro, 23 abr. 1989, Caderno B Especial, p. 8.

LEVEBVRE, Henri. *A vida cotidiana no mundo moderno*. São Paulo: Ática, 1991.

LIBERTÉ de l'information en France, La. Paris: Les Editions Ouvrieres/La Ligue des Droits de L'Homme, 1990.

LIBRO de Estilo. 3. ed. Madri: Ed. *El País*, 1990.

LIMA, Luiz Costa (org.). *Teoria da cultura de massa*. 3. ed. Rio de Janeiro: Paz e Terra, 1982.

LIMA, Rubem de Azevedo. "Ética: a vivência da dignidade". In: Sindicato dos Jornalistas Profissionais do Distrito Federal (coord.). *Jornalismo de Brasília: impressões e vivências*. Brasília: Lantana Comunicação, 1993, p. 24-51.

LIMA SOBRINHO, Barbosa. "Liberdade de Imprensa". *Revista de Comunicação*, Rio de Janeiro, n. 11, 1987, p. 10-11.

_____. *O problema da imprensa*. São Paulo: Com-Arte, 1988.

LIPPMANN, Walter. "A natureza da notícia". In: STEINBERG, Charles (org.). *Meios de comunicação de massa*. 2. ed. São Paulo: Cultrix, 1972, p. 186-98.

LUKÁCS, Georg. "As bases ontológicas do pensamento e da atividade do homem". *Temas de ciências humanas*, v. 4. São Paulo, 1978, p. 1-18.

MACINTYRE, A. *Historia de la ética*. 3. ed. Barcelona: Paidós, 1988.

MALCOLM, Janet. *O jornalista e o assassino: uma questão de ética*. São Paulo: Companhia das Letras, 1990.

MANUAL de estilo: um manual prático de redação para jornalistas, escritores, editores, estudantes e profissionais ou amadores. Rio de Janeiro: Nova Fronteira, 1990.

MANUAL de ética, redação e estilo/*Zero Hora*. Porto Alegre: RBS/ L&PM, 1994.

MANUAL de redação e estilo/*O Estado de* S. *Paulo* (organizado e editado por Eduardo Martins). São Paulo: O Estado de S. Paulo, 1990.

MANUAL de redação e estilo/*O Globo* (organizado e editado por Luiz Garcia). São Paulo: Globo, 1992.

MANUAL geral da *Redação/Folha de S.Paulo*. 2. ed. São Paulo: Folha de S. Paulo, 1987.

MARCONDES FILHO, Ciro (org.). *Imprensa e capitalismo*. São Paulo: Kairós, 1984.

MARCONDES FILHO, Ciro. *O capital da notícia*. São Paulo: Ática, 1986.

MARX, Karl. *A liberdade de imprensa*. Porto Alegre: L&PM, 1980.

_____. *Manuscritos econômicos-filosóficos*. Lisboa: Edições 70, 1989.

MARX, Karl e ENGELS, Friedrich. *A ideologia alemã/Teses sobre Feuerbach*. São Paulo: Moraes, 1984.

MASTRINI, Guilermo e CALIFANO, Bernadette (comps.). *La Sociedad de la Información en la Argentina: políticas públicas y participación social*. Buenos Aires: Fundación Friedrich Ebert, 2006.

MATHIAS NETTO, Gualter. "Limites da ética e do sensacionalismo". *Revista de Comunicação*, Rio de Janeiro, n. 28, 1992, p. 34.

MATTELART, Armand. *Los medios masivos de comunicación en el proceso de liberación*. 8. ed. Cidade do México: Siglo Veintiuno, 1981.

MAYRINK, Manoel Caetano. "Jornalismo em Cuba". *Revista de Comunicação*. Rio de Janeiro, n. 13, 1988, p. 28-31.

MEDINA, Cremilda. *Profissão jornalista: responsabilidade social*. Rio de Janeiro: Forense Universitária, 1982.

_____. *Entrevista, o diálogo possível*. São Paulo: Ática, 1987.

_____. *Notícia, um produto à venda*. 2. ed. São Paulo: Summus, 1988.

MEDITSCH, Eduardo Barreto Vianna. *O conhecimento do jornalismo*. Florianópolis: EdUFSC, 1992.

MELO, José Marques de. "O duelo da credibilidade". *Imprensa*, São Paulo, n. 28, jan. 1990, p. 36.

_____. *Sociologia da imprensa brasileira*. Petrópolis: Vozes, 1973.

_____. *Comunicação*: direito à informação. Campinas: Papirus, 1986.

_____. "Ética da comunicação: perplexidade brasileira". *Leitura*, São Paulo, maio 1992, p. 6-7.

_____. (org.). *Censura e liberdade de imprensa* (Documentos da II Semana de Jornalismo). São Paulo: Com-Arte, 1984.

_____. (org.). "Objetividade jornalística: ética e técnica". *Cadernos Intercom*, São Paulo, n. 7, set. 1985.

MEYER, Philip. *A ética no jornalismo; um guia para estudantes, profissionais e leitores*. Rio de Janeiro: Forense Universitária, 1989.

MOLINERO, César. *Libertad de expresión privada*. Barcelona: ATE. 1981.

MORAES, Dênis de. *Cultura mediática y poder mundial*. Bogotá: Norma, 2005.

MOREIRA, Delmo. "A ética das comissões". *Versão dos Jornalistas*, Porto Alegre, n. 3. Sindicato dos Jornalistas Profissionais no Estado do Rio Grande do Sul, jun. 1991, p. 12.

MORIN, Edgar. *Para sair do século XX*. Rio de Janeiro: Nova Fronteira, 1986.

MORIN, Violette. *El tratamiento periodístico de la información*. Barcelona: ATE. 1974.

NADER, Alceu. "A ética entre o amor e o ódio". *Imprensa*, São Paulo, n. 80, maio 1994, p. 43-45. (Com colaboração de Adriana Moraes.)

NEW International Information and Communication Order (Sourcebook). Prague: IOJ, 1986.

NORDENSTRENG, Kaarle e TOPUZ, Hifzi. (eds.). *Journalist: status, rights and responsabilities*. Praga: IOJ, 1989.

NOVAES, Adauto (org.). *Rede imaginária*: televisão e democracia. São Paulo: Companhia das Letras/Secretaria Municipal de Cultura de São Paulo, 1991.

NOVAES, Washington. "A obrigação de ser responsável". *Imprensa*, São Paulo, n. 53, jan. 1992a, p. 54.

_____. "Dilema entre a cruz e a caldeirinha". *Imprensa*, São Paulo, n. 56, abr. 1992b, p. A2.

_____. "Onde começa e onde acaba a ética?" *Imprensa*, São Paulo, n. 57, maio 1992, p. A4.

NOVOA MONREAL, Eduardo. *Derecho a la vida privada y libertad de información: un conflicto de derechos*. Cidade do México: Siglo XXI, 1979.

OHLWEILER, Otto Alcides. *Origem e evolução da ideologia: do pensamento mágico ao pensamento científico*. Porto Alegre: Editora da Universidade/ UFRGS, 1988.

ORNELAS, Luciano. "A notícia ou a vida". *Revista de Comunicação*, Rio de Janeiro, n. 9, 1987, p. 8-9.

OSOLNIK, Bogdan. *La ética profesional en la comunicación de masas*. Paris: CIEPC/Unesco, n. 90 bis, s/d.

PAIVA, Dídimo. *Ética jornalística*. Belo Horizonte, out. 1990, mimeo, 16 p. (Contribuição à Comissão Nacional de Ética da Federação Nacional dos Jornalistas.)

"PARA QUE nunca mais a mentira vença a verdade". *Jornal do Jornalista*. Brasília, Fenaj, dez. 1989/jan. 1990, p. 3-12. (Depoimentos de jornalistas sobre a cobertura das eleições presidenciais de 1989 no Brasil.)

PARK, Robert "A notícia como forma de conhecimento: um capítulo da sociologia do conhecimento". In: STEINBERG, Charles (org.). *Meios de comunicação de massa*. 2. ed. São Paulo: Cultrix, 1972, p. 168-85.

PARRA MORZÁN, Carlos. *Derecho de prensa*. Lima: Peruanos, 1962.

"PAULISTANOS revelam seus hábitos, Os" (Pesquisa Gallup/Imprensa). *Imprensa*, São Paulo, n. 10, jun. 1988, p. 40, 44-47.

PAVLIK, John V. *El periodismo y los nuevos medios de comunicación*. Barcelona: Paidós, 2005.

PEREIRA, André. "Ayrton Kanitz: o gosto pelo desafio". *Versão dos Jornalistas*, Porto Alegre, n. 11. Sindicato dos Jornalistas Profissionais no Estado do Rio Grande do Sul, jun./jul. 1992, p. 4.

PEREIRA, Moacir. *Imprensa: um caminho para a liberdade*. Florianópolis: Lunardelli/UFSC, 1980.

"PHILIP Meyer responde" (entrevista com Sônia Virgínia Moreira). *Revista de Comunicação*. Rio de Janeiro, n. 26, out. 1991, p. 3-6, 22, 24.

PIERCE, Robert N. *Libertad de Expresión en América Latina*. Barcelona: Mitre, 1982.

PORCHAT, Maria Elisa. *Manual de radiojornalismo (Jovem Pan)*. São Paulo: Brasiliense, 1986.

PRADO JÚNIOR, Caio. *Introdução à lógica dialética*. 4. ed. São Paulo: Brasiliense, 1979.

PRAXEDES, Antônio. "Jornalista, mostra a tua cara". *Jornal do Jornalista*. Brasília, Fenaj, jul./ago. 1989, p. 15.

PRINCÍPIOS internacionais da ética profissional dos jornalistas, Os. Praga: IOJ, 1986.

PROFESIONAL codes of ethics in journalism. Praga: IJI, 1990.

"PUBLICAR ou não, eis a questão". *Imprensa*, São Paulo, n. 9, maio 1988, p. 28-29.

"PÚBLICO julga a imprensa, O". *Imprensa*, São Paulo, n. 48, ago. 1991, p. 48-51 (Pesquisa Vox Populi sobre Imprensa).

"REPÓRTER do outro mundo, Um" (entrevista com Clóvis Rossi). *Imprensa*, São Paulo, n. 20, abril 1989, p. 79-86.

"REPÓRTER dos séculos, O" (entrevista com Alberto Dines). *Imprensa*, São Paulo, n. 33, maio 1990, p. 22-26.

RESTREPO, Javier Darío. *El zumbido y el moscardón: taller y consultorio de ética periodística*. Cidade do México: FCE/FNPI, 2004.

Veja, 10 agosto de 1988.
_____. 26 abr. 1989.
_____. 10 maio 1989.
_____. 27 maio 1992.
_____. 7 set. 1994.
REYES MATTA, Fernando. *El concepto de noticia en América Latina: valores dominantes y perspectivas de cambio*. Cidade do México: Ilet, 1977.
_____. *Educación para la comunicación y derecho a la información*. Cidade do México: Ilet, 1979.
_____. (org.). *A informação na Nova Ordem Internacional*. Rio de Janeiro: Paz e Terra, 1980.
RICHARDS, Jorge Andrés. *La información como un derecho humano fundamental*. Cidade do México: Ilet, 1983.
RIOS NETO, Licínio. "O processo de formação da notícia na TV". *Linha Viva*, Florianópolis, n. 102, 19 jul. 1990, p. 4. (Jornal da Intersindical dos Eletricitários de Santa Catarina.)
RODRIGO ALSINA, Miquel. *La construcción de la noticia*. Barcelona: Paidós, 1989.
RODRIGUEZ, Luiz Alberto. "Necesidades de una ética periodística latinoamericana integral". *El periodismo en la independencia política y económica de América Latina* (seminário). Gobierno del Estado de México/ Coordinación General de Comunicación Social, 1989, p. 59-60.
RONCAGLIOLO, Rafael. *Libre flujo internacional de noticias y libertad de prensa*. Cidade do México: Ilet, 1977.
ROSENFIELD, Denis. *Política e liberdade em Hegel*. São Paulo: Brasiliense, 1983.
_____. *Do mal*. Porto Alegre: L&PM, 1988.
_____. *Filosofia política & natureza humana*. Porto Alegre: L&PM, 1990.
ROSSI, Clóvis. *O que é jornalismo*. São Paulo: Brasiliense, 1980 (Coleção Primeiros Passos).
ROUANET, Sérgio Paulo. *As razões do Iluminismo*. São Paulo: Companhia das Letras, 1987.
RUBIM, Antônio Albino Canelas. "Marx e a comunicação: a subsunção de produção de bens simbólicos ao capital". *Comunicação & Política*, Rio de Janeiro, n. 2, jun. 1983a, p. 43-50.
_____. "Marx e o jornalismo (reflexões sobre o livro *A liberdade de imprensa*)". *Comunicação & Política*, Rio de Janeiro, n. 1, mar./maio 1983b, p. 144-49.
RUIZ ELDREDGE, Alberto (comp.). *El desafío jurídico de la comunicación internacional*. Cidade do México: Nueva Imagen, 1979.
RUSSELL, Bertrand. *Ética e política na sociedade humana*. Rio de Janeiro: Zahar, 1977.

SÁNCHEZ-VÁZQUEZ, Adolfo. *Filosofia da práxis*. 2. ed. Rio de Janeiro: Paz e Terra, 1977.

_____. *Ética*. 10. ed. Rio de Janeiro: Civilização Brasileira, 1987.

SANTORO, Daniel. *Técnicas de investigación: métodos desarrollados en diarios y revistas de América Latina*. Cidade do México: FCE/FNPI, 2004.

SANTOS, Reinaldo. *Vade-Mécum da comunicação*. 7. ed. Rio de Janeiro: Trabalhistas, 1988.

_____. (org.). *A ética na comunicação (textos dos códigos)*. Rio de Janeiro: Destaque, 1993.

SANTOS, Roberto Elísio dos. "Limites éticos do jornalismo". *Revista Brasileira de Comunicação/Intercom*, São Paulo, vol. 15, n. 2, jul./dez. 1992, p. 230-32.

"SÃO PAULO não acredita na imprensa". *Imprensa*, São Paulo, n. 83, ago. 1994, p. 12-17.

SARTRE, Jean Paul e FERREIRA, Vergílio. *O existencialismo é um humanismo*. 4. ed. Lisboa: Presença, 1978.

SARTRE, Jean Paul. *Verdade e existência*. Rio de Janeiro: Nova Fronteira, 1990.

SCHAFF, Adam. *Linguagem e conhecimento*. Coimbra: Almedina, 1974.

SCHMUHL, Robert (org.). *As responsabilidades do jornalismo: as questões da ética no país de maior liberdade de expressão*. Rio de Janeiro: Nórdica, 1985.

SCHRÖDER, Celso Augusto. "Uma comissão terapêutica". *Versão dos Jornalistas*, Porto Alegre, n. 8. Sindicato dos Jornalistas Profissionais no Estado do Rio Grande do Sul, jan./fev. 1992, p. 12.

SERMAN, L. A. (pseudônimo). "A notícia com medo do jornalista, o jornalista com medo da notícia". *Humanidades*, Brasília, n. 21, Editora Universidade de Brasília, 1989, p. 8-13.

SERRA, Antônio A. *O desvio nosso de cada dia*. Rio de Janeiro: Achiamé, 1980.

"SÍNDROME de Inimizade Adquirida". *Imprensa*, São Paulo, n. 21, maio 1989, p. 36.

SMIRNOV, V. *La libertad de prensa en la URSS*. Moscou: Progreso, 1980.

SMITH, Anthony. *La política de la información*. Cidade do México: Fondo de Cultura Económica, 1984.

SOCIEDADE, A. *Entrevistas do Le Monde*. São Paulo: Ática, 1989.

SOLOMON, Norman. "Ética y poder en el periodismo norteamericano". *Chasqui* (Revista Latinoamericana de Comunicación), Quito, n. 41, abril 1992, p. 32-35, 37-38.

SONTAG, Susan. *Ensaios sobre a fotografia*. 2. ed. Rio de Janeiro: Arbor, 1983.

SOUZA, Roberto Pereira de. "A sangue frio". *Imprensa*, São Paulo, n. 84, set. 94, p. 20-33.

THOMPSON, E. P. *A miséria da teoria (ou um planetário de erros): uma crítica ao pensamento de Althusser*. Rio de Janeiro: Zahar, 1981.

TÓFOLI, Luciene. *Ética no jornalismo*. Petrópolis: Vozes, 2008.
TROTSKY, Leon. *Moral e revolução*. 2. ed. Rio de Janeiro: Paz e Terra, 1978.
TUCHMAN, G. *La producción de la noticia: estudio sobre la construcción social de la realidad*. Cidade do México: G. Gili, 1983.
UM MUNDO e muitas vozes: comunicação e informação na nossa época/ Comissão Internacional para o Estudo dos Problemas da Comunicação. Rio de Janeiro: FGV/Unesco, 1983.
VALLS, Álvaro. *O que é ética*. 3. ed. São Paulo: Brasiliense, 1989 (Coleção Primeiros Passos).
VÁZQUEZ MONTALBAN, Manuel. *Inquérito à informação*. Lisboa: Iniciativas Editoriais, 1972.
VERA, Ernesto. "Formación y responsabilidades dei periodista". In: *El periodismo en la independencia política y económica de América Latina* (seminário). Gobierno del Estado de México/Coordenación General de Comunicación Social, 1989, p. 39-41.
VILCHES, Lorenzo. *Teoría de la imagen periodística*. Barcelona: Paidós, 1987.
VILLANUEVA, Ernesto. *Códigos europeos de ética periodística: un análisis comparativo*. Cidade do México: Fundación Manuel Buendía/Generalitat de Catalunya, 1996.
VILLAR, Roberto. "'Constituinte' do jornalismo". *Versão dos Jornalistas*, Porto Alegre, n. 3, Sindicato dos Jornalistas Profissionais no Estado do Rio Grande do Sul, jun. 1991a, p. 12.
_____. *O equívoco de Abramo: liberdade e necessidade na ação jornalística; fundamentos da ética jornalística*. (Trabalho monográfico de conclusão de curso) – Famecos-PUC, Porto Alegre, 1991b, mimeo.
"VÍTIMAS da Imprensa, As". *Imprensa*, São Paulo, n. 65, fev. 1993, p. 18-23.
WAINER, Samuel. *Minha razão de viver: memórias de um repórter*. 5. ed. Rio de Janeiro: Record, 1987.
WALLRAFF, Günter. *Cabeça de turco*. Rio de Janeiro: Globo, 1989.
_____. *Fábrica de mentiras*. São Paulo: Globo, 1990.
_____. *El periodista indeseable*. Barcelona: Anagrama, 2000.
WEI, Michael Ta Kung. "A liberdade de informação: problema internacional". In: FISCHER, Heinz-Dietrich e MERRILL, John C. *Comunicação internacional; meios-canais-funções*. São Paulo: Cultrix, 1975, p. 115-25.
WEIGERT, Sérgio. Um compromisso com a universalidade do homem. *Boletim dos Jornalistas*, n. especial, 2º Congresso Estadual dos Jornalistas Catarinenses. Florianópolis/Blumenau, ago. 1992, p. 3.
WHITE, Robert. "Factores sociales y políticos en el desarrollo de la ética de la comunicación". *Diálogos de la comunicación*, 22 nov. 1988. Lima, Felafacs, p. 79-101.

WITTGENSTEIN, Ludwig. *Conferencia sobre ética*. Barcelona: Paidós/ICE – UAB. 1989.

WOLTON, Dominique. *É preciso salvar a comunicação*. São Paulo: Paulus, 2006.

XAVIER, Ismail (org.). *A experiência do cinema*. Rio de Janeiro: Graal, 1983.

XIFRA-HERAS, Jorge. *A informação: análise de uma liberdade frustrada*. Rio de Janeiro: Lux/São Paulo: Edusp, 1975.

Zero Hora. Porto Alegre, 27 abr. 1989.

www.gruposummus.com.br

IMPRESSO NA GRÁFICA sumago
sumago gráfica editorial ltda
rua itauna, 789   vila maria
02111-031 são paulo   sp
tel e fax 11 **2955 5636**
sumago@sumago.com.br